电子科学与技术专业课程思政案例集

赵书玲 李培 吴桂泰 程铁栋 许立军 ◎ 编著

中南大学出版社
www.csupress.com.cn
·长沙·

图书在版编目（CIP）数据

电子科学与技术专业课程思政案例集／赵书玲等编著.
—长沙：中南大学出版社，2024.9
ISBN 978-7-5487-5605-7

Ⅰ.①电… Ⅱ.①赵… Ⅲ.①高等学校—思想政治教
育—教案(教育)—中国 Ⅳ.①G641

中国国家版本馆 CIP 数据核字（2023）第 208566 号

电子科学与技术专业课程思政案例集
DIANZI KEXUE YU JISHU ZHUANYE KECHENG SIZHENG ANLIJI

赵书玲　李培　吴桂泰　程铁栋　许立军　编著

□出 版 人	林绵优
□责任编辑	沈常阳
□责任印制	唐　曦
□出版发行	中南大学出版社

社址：长沙市麓山南路　　　　邮编：410083
发行科电话：0731-88876770　　传真：0731-88710482

□印　　装　广东虎彩云印刷有限公司

□开　　本　710 mm×1000 mm 1/16　□印张 11.75　□字数 205 千字
□版　　次　2024 年 9 月第 1 版　　□印次 2024 年 9 月第 1 次印刷
□书　　号　ISBN 978-7-5487-5605-7
□定　　价　59.00 元

前言

习近平总书记在全国高校思想政治工作会议上指出，要用好课堂教学这个主渠道，各类课程与思想政治理论课同向同行，形成协同效应。2020年6月，教育部印发了《高等学校课程思政建设指导纲要》(以下简称《纲要》)，《纲要》明确指出，落实立德树人根本任务，必须将价值塑造、知识传授和能力培养三者融为一体，不可割裂。要让所有高校、所有教师、所有课程都承担好育人责任，守好一段渠，种好责任田，使各类课程与思政课程同向同行，将显性教育和隐性教育相统一，形成协同效应，构建"三全育人"大格局。当前，课程思政建设在国内高校全面推进，课程思政成为每一位高校教师面临的重要任务，指导高校教师做好课程思政教学设计，进一步提升广大教师的课程育人能力，非常必要且具有重要意义。

2020年，江西理工大学电子科学与技术专业全面启动课程思政建设工作，在进行全面教学研究的基础上，形成了课程思政建设路径：挖掘蕴含在知识体系中的思政资源；提炼深化形成思政元素；有机融入教学大纲；开展课堂实践。

本案例集以教育部颁布的《高等学校课程思政建设指导纲要》为指导，紧紧围绕国家和区域发展需求，结合学校发展定位和人才培养目标，结合教师多年的育人实践，从6个思政维度(厚植爱国情怀、弘扬大国工匠精神、培养职业素养、培养艰苦奋斗精神、培养科学创新精神、培养表达沟通团队协作能力)深度挖掘了53个课程思政点，设计和编写了53个课程思政教学案例。

本案例集既可作为电子信息类专业教师实施课程思政教学的备课参考书，帮助教师强化育人意识，拓宽育人思路，找准育人角度，提升育人能力，确保课程思政建设落地落实；也可作为相关专业学生全面认识和了解所学专业及课程的课外教辅书，帮助学生丰富学识，增长见识，塑造品格，激发专业学习的浓厚兴趣，树立科技报国的远大志向，使之成为德智体美劳全面发展的社会主义建设者和接班人。

课程思政不是一门课程，也不单纯是一项教学任务。课程思政是立德树人的教育理念，教师育人的历史责任，需要全面贯穿在学科与专业体系、理论与实践教学体系、教学质量监督与评价体系中。

课程思政永远在路上。因时间和水平有限，书中不足之处恳请专家及广大读者批评指正！在案例的搜集整理过程中也得到了浙江同济科技职业学院许立军老师的大力支持，在此一并感谢！

编者

2023 年 6 月

目　录 ○⦂

案例 1
电路模型——科学思维

一、案例

实际电路都是由一些按需要起不同作用的实际电路元件或器件所组成，如发电机、变压器、电动机、电池，以及各种电阻器和电容器等，它们的电磁性质较为复杂。为了便于对实际电路进行分析和用数学描述，将实际元器件理想化（或称模型化），即在一定条件下突出其主要的电磁性质，忽略其次要因素，把它近似地看作理想电路元器件。

由一些理想电路元器件所组成的电路，就是实际电路的电路模型。

例如，常用的手电筒，其实际电路元器件有干电池、电珠、开关和连接导线，其中，干电池是电源器件，用电压 U_s 和内阻 R_0 来模拟；电珠是电阻元件，主要电磁性质是耗能的，用参数为 R_L 的纯电阻来模拟；连接导线是连接干电池与电珠的中间环节，其电阻忽略不计，认为是一无电阻的理想导体。手电筒的电路模型如图 1-1 所示。

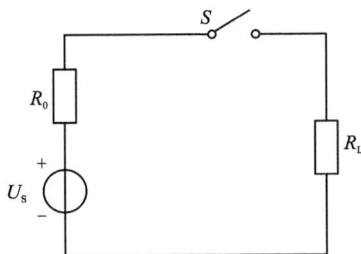

图 1-1　手电筒的电路模型

二、思政元素——科学思维

引导学生坚持和运用辩证唯物主义和历史唯物主义，注重矛盾分析，抓住事物发展的主要矛盾和矛盾的主要方面。电路模型的建立是从实际器件抽象成电路元件的过程，是在集总假设的条件下进行的。而集总假设可以联系到毛泽东思想中的"抓住主要矛盾"思想，集总假设的过程就是"抓住主要矛盾"的过程。这里可以引导学生做任何事情都要善于抓住重点，集中力量解决主要矛盾，这样就可以把复杂问题简单化。

三、教学方法

1. 问题导入法

问题：手机中的手电筒有照明功能，如果连续使用 30 min 照明功能，手机中的电池肯定会很快没电，那同学们想一想这 30 min 耗电功率是多少？

同学们肯定想到了原来物理中学到的电路分析，那这个手电筒的电路模型是什么样子？

引出电路模型的概念。

2. 讲授法

结合多媒体详细讲解电路模型概念及理想电路元件。

由一些理想电路元器件所组成的电路，就是实际电路的电路模型。常见的理想电路元件有理想电源元件(理想电压源、理想电流源)、理想无源元件(电阻、电感、电容等)。理想电路元件是具有某种确定的电磁性能的研究载体，是一种理想的模型，在实际中并不存在，但它在电路理论分析与研究中起着重要的作用。

不同的实际电路部件，只要具有相同的主要电磁性能，在一定条件下可用同一模型表示。比如只表示消耗电能的理想电阻元件 R，只表示存储磁场能量的理想电感元件 L，只表示存储电场能量的理想电容元件 C。这三种最基本的理想元件，可以代表种类繁多的各种负载。

同一个实际电路部件，在不同应用条件下的模型可以有不同的形式。如实际电感器应用在低频电路时，可以用理想电感元件 L 代替，而用在较高频电路中时，则可以用理想电感元件 L 与理想电阻元件 R 串联代替，而用在更高频率电路中时，又可以用理想电感元件 L 与理想电阻元件 R 串联后再与理想电路元件 C 并联代替。

用理想元件构建出实际电路对应的电路模型称为建模。下面根据电路理想化的要求，对实际手电筒电路进行理想化(或者模型化)。假设手电筒短时间工作，干电池理想化为电动势 U_S 和内阻 R_0 串联的电源模型；小灯泡理想化为只消耗电能的纯电阻 R_L；开关为理想开关 S，闭合时其内阻及接触电阻为 0，简化为理想导线，断开时内阻为 ∞。经过理想化后，手电筒电路的 U_S、R_0、R_L 均由理想元件组成，而且大小不变。手电筒的电路模型如图 1-1 所示，那么很容易测量、计算电路的电流。

今后我们研究的电路都是电路模型，并非实际电路。所有的实际电路，不论简单还是复杂，都可以用由几种理想电路元件构成的电路模型来表示。

3. 归纳式结尾法

实际电路模型化，便于我们开展分析、计算及研究，这不仅是分析问题的一般思路，也是解决复杂工程问题的基本方法。很多同学听过数学建模大赛，那为什么建模？建模的步骤是什么？

首先要了解问题的实际背景，明确建模目的，搜集必需的各种信息，尽量弄清对象的特征。

然后作出假设。根据对象的特征和建模目的，对问题进行必要的、合理的简化，用精确的语言作出假设，这是建模至关重要的一步。如果对问题的所有因素一概考虑，无疑是一种有勇气但方法欠佳的行为，所以高超的建模者能充分发挥想象力、洞察力和判断力，善于辨别主次，而且为了使处理方法简单，应尽量使问题线性化、均匀化。

接着建立模型。根据所作的假设分析对象的因果关系，利用对象的内在规律和适当的数学工具，构造各个量间的等式关系或其他数学结构。

最后，我们便会进入一个广阔的数学应用天地，在"高数、概率老人"的膝下，有许多可爱的"孩子们"，他们是图论、排队论、线性规划、对策论等，真是"泱泱大国"，别有洞天。

不过我们应当牢记，数学模型的建立是为了让更多的人明了并能加以应用其中的原理，因此工具愈简单愈有价值。

四、适用范围

1. 案例适用的专业

本案例适用于自动化、电气工程、电子科学与技术、计算机科学与技术、电子信息工程、通信工程等专业。

2. 案例适用的课程

本案例适用于数字电子技术、电工电子技术、计算机文化基础、数字逻辑电路分析设计等课程。

案例 2
电路的基本物理量——科学精神

一、案例

电路的基本物理量这一节主要介绍电流、电压、电功率和电能这四个物理量。

(1)电流。任何物质都是由原子或分子组成，分子由原子组成，而原子又由带正电的原子核和带负电的电子组成。在通常的状态下，原子核所带的正电荷数与核外电子所带的负电荷数相等，而使原子呈现电中性，不显电性，物质也不显带电的性能。假如给一定的外加条件，如接上电源，就能使金属或某些溶液中的电子发生有规则的运动。电荷在电路中定向移动，形成电流。电流的单位是安培，简称安，用符号 A 表示。常用电流单位还有千安(kA)、毫安(mA)、微安(μA)等。大小和方向都不随时间变化的电流称为稳恒直流电流，简称直流，用大写字母 I 表示；大小和方向都随时间变化的电流称为交流电流，用小写字母 i 表示。电流的方向有实际方向和参考正方向，习惯上规定电流的实际方向为正电荷运动的方向。对于简单电路，可以根据电源的极性判断电流方向，但在进行复杂电路的分析和计算时，某支路中电流的实际方向往往难以判断，为此引入参考正方向的概念。任意选定某一方向作为电流的参考方向，称为参考正方向。所选的电流参考正方向，与电流的实际方向并不一定一致，若参考正方向与电流的实际方向一致时，则计算出的电流为正值。

(2)电压。带电的物体周围存在电场，电场对处在电场中的电荷有力的作用。当电场力使电荷移动时，电场力对电荷做了功。为了衡量电场力做功的大小，引入了电压的概念。电压的单位是伏特，简称伏，用符号 V 表示。常用电压单位还有千伏(kV)、毫伏(mV)、微伏(μV)等。大小和方向都不随时间变化的电压称为稳恒直流电压，通常用大写字母 U 表示；大小和方向都随时间变化的电压称为交流电压，通常用小写字母 u 表示。在电路图上所标注的电流、电压的方向一般都是参考正方向。

(3)电功率。它是衡量电能转换为其他形式能量速率的物理量，等于单位时间内电流所做的功，用字母 P 表示，常用单位有瓦(W)、千瓦(kW)。

(4)电能。它是指一段时间内电流所做的功，单位是焦耳，用符号 J 表示。电流做功的过程，实际上就是电能转化为其他形式能量的过程。如果电流通过电路做功，电能转化为热能，电流通过电动机做功，电能转化为机械能。在生产和生活实际中，电能的常用单位为千瓦时(kW·h)，1 kW·h 就是常说的 1 度电。

二、思政元素——科学精神

电路基本物理量这一节主要介绍电流、电压、功率和电能这四个物理量，而其中体现了四位科学家的贡献，即安培、伏特、瓦特和焦耳。以四位科学家的励志故事，让同学们能感受到科学家们在当时并不优越的条件下尚且不放弃对科学真理的追求。我们在现今非常优越的条件下，就是踩在巨人的肩膀上进行文化学习和科学研究，更应该有不放弃的精神，要用坚韧不拔的精神，在接下来的人生道路上为国家、为人民做出更大的贡献。

三、教学方法

1.讨论导入法

线上环节，课前发布通知让学生完成线上课外阅读《安培、伏特、瓦特和焦耳的小故事》。

线下课堂环节，生讲生评。

生讲：学生讲阅读心得。

生评：学生点评。

2.讲授法

介绍电路中的各个物理量。

3.延伸式结尾法

电学科的飞速发展，正是一代又一代科学家孜孜不倦追求的结果。这种科学精神恰恰是我们这个时代所需要的，特别是在我国科技进步与国家命运休戚相关的今天。

新中国从一穷二白到今天的繁荣强大，离不开无数科学家的无私奉献。在和平年代，他们就是民族崛起的英雄、国士，理应受到全国人民的尊敬与爱戴。下面，我们不分先后列举为新中国做出伟大贡献的科学家，请让我们记住他们。

中国杂交水稻之父——袁隆平；两弹一星之父——邓稼先、钱学森；中国氢弹之父——于敏；中国卫星之父——孙家栋；诺贝尔医学奖获得者——屠呦呦；呼吸病学专家——钟南山；中国天眼之父——南仁东；中国核潜艇之父——黄旭华；中国地质学家——李四光。中国原子弹之父——钱三强；中国光学之父——王大珩；中国雷达之父——束星北；中国激光照排之父——王大选；中国现代数学之父——华罗庚；中国互联网之父——钱天白；中国克隆之父——童第周；中国汽车工业之父——饶斌；中国铁路之父——詹天佑；中国桥梁之父——茅以升；中国钻探之父——刘广志。

四、适用范围

1.案例适用的专业

本案例适用于自动化、电气工程、电子科学与技术、计算机科学与技术、电子信息工程、通信工程等专业。

2.案例适用的课程

本案例适用于数字电子技术、电工电子技术、计算机文化基础、数字逻辑电路分析设计等课程。

案例 3
基尔霍夫定律的启示——个体服从集体

一、案例

对于简单电路,通过电阻串并联等效和欧姆定律就可以求解,对于复杂电路,不能通过电阻串并联等效和欧姆定律进行求解,而基尔霍夫定律能够迅速地求解任何复杂电路。

基尔霍夫定律是德国科学家基尔霍夫提出的。19 世纪 40 年代,由于电气技术发展十分迅速,电路变得愈来愈复杂。某些电路呈现出网络形状,并且网络中还存在一些由 3 条或 3 条以上支路形成的交点(结点)。这种复杂电路不是串、并联电路的公式所能解决的。年仅 21 岁的德国人基尔霍夫在他的第 1 篇论文中提出了稳恒电路网络中电流、电压、电阻关系的两条电路定律,即著名的基尔霍夫电流定律(KCL)和基尔霍夫电压定律(KVL),该定律能够迅速地求解任何复杂电路,从而成功地解决了这个阻碍电气技术发展的难题。

基尔霍夫定律包括电流定律和电压定律。

电流定律是用来确定连接在同一结点上的各支路电流间关系的。由于电流的连续性,电路中任何一点(包括结点在内)均不能堆积电荷,因此,在任一瞬间,流入某一结点的电流之和应该等于由该结点流出的电流之和。如图 3-1,对节点 a,有 $I_1 + I_2 = I_3$。

电压定律是用来确定回路中各段电压间关系的。在任一瞬间,从回路中任一点出发,以顺时针方向或逆时针方向沿回路循行一周,则在这个方向上的电位降之和应该等于电位升之和。如图 3-1,对回路 1,有 $I_1 R_1 + I_3 R_3 = E_1$。

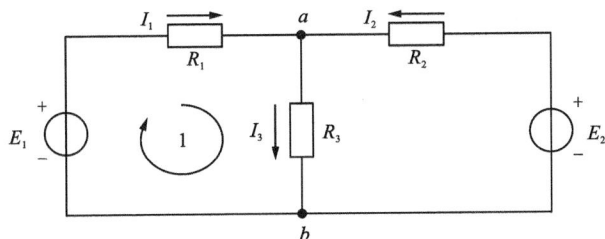

图 3-1　电回路示意图

二、思政元素——个体服从集体

在电路中，支路元件本身要遵循电压和电流的约束关系，比如欧姆定律中支路电压和支路电流之间满足的约束关系。基尔霍夫定理描述的是电路中各个节点和各回路必须遵守的约束关系，也就是说电路中元件本身要遵循电压和电流的约束关系，还必须服从支路电压之间和支路电流之间满足的约束关系，这种约束关系与支路元件的性质是无关的。从这种约束关系中，我们得到的启示是个体要服从集体。

三、教学方法

1.问题导入法

用多媒体给出一个简单电路，如图 3-2 所示，如何求解电流 I？通过电阻串并联等效和欧姆定律可以求解。

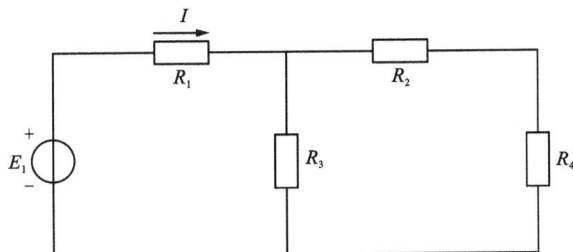

图 3-2　简单电路示意图

9

用多媒体给出复杂电路，如图 3-3 所示，如何求解电流 I_1？

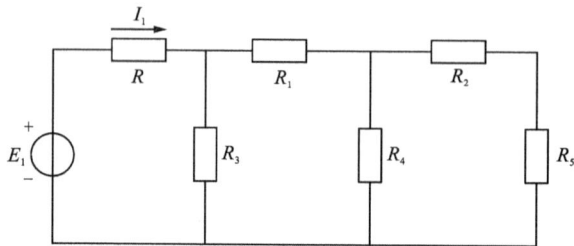

图 3-3　复杂电路图

引出基尔霍夫定律。

2. 讲授法和多媒体法

结合多媒体详细讲解基尔霍夫定律的定理描述及具体的求解步骤。

3. 案例分析法

一般情况下，个人利益与集体利益在根本上是一致的。当个人利益与集体利益发生矛盾时，我们要坚持以集体利益为重，并愿意放弃或牺牲一些个人利益。邱少云是中国人民志愿军一级英雄，抗美援朝战争期间，在一次执行潜伏任务时，不幸被敌人的燃烧弹击中，全身被火焰笼罩着。但邱少云为了不暴露目标，不影响整体战斗部署，始终趴在火中纹丝不动，直至光荣牺牲，他用自己的生命换取了整场战斗的胜利。

4. 延伸式收尾法

基尔霍夫电流定律是对节点的约束，节点须遵守电流定律；基尔霍夫电压定律是对回路的约束，回路须遵守电压定律。我们大学生作为学校和社会的一份子，必须遵守校纪校规、国家法律。当个人利益与集体利益发生冲突时，要积极主动把个人利益与集体利益相结合，自觉维护集体利益。

四、适用范围

1. 案例适用的专业

本案例适用于自动化、电气工程、电子科学与技术、计算机科学与技术、电子信息工程、通信工程等专业。

2. 案例适用的课程

本案例适用于数字电子技术、电工电子技术、计算机文化基础、数字逻辑电路分析设计等课程。

案例 4
叠加定理——分工合作的团队精神

一、案例

叠加定理基本内容：对于线性电路，任何一条支路中的电流，都可以看成是由电路中各个电源(电压源或电流源)分别作用时，在此支路中所产生的电流的代数和。所谓电路中只有一个电源单独作用，就是假设将其余电源均除去(将各个理想电压源短路，即其电动势为 0；将各个理想电流源开路，即其电流为 0)。用叠加定理计算复杂电路，就是把一个多电源的复杂电路拆分为几个单电源电路来计算。

叠加定理解题步骤：拆分电路；标待求分量方向；分别计算；叠加求代数和。

运用叠加定理要注意：该定理只适用于线性电路；功率不能叠加；不作用电源的处理办法(将各个理想电压源短路，即其电动势为 0；将各个理想电流源开路，即其电流为 0)。

二、思政元素——分工合作的团队精神

任何一个线性复杂电路，都可以拆分成若干个简单电路，任何一条支路中的电流，都可以看成是由电路中各个电源(电压源或电流源)分别作用时，在此支路中所产生的电流的代数和。先拆分，再叠加，这种解决复杂电路求解难的思想，让我们明白了具有分工合作团队精神的重要性。

分工合作指既要分工明确，又要互相沟通、协作，以实现共同的目标。工

作中分工合作的重要性主要表现在以下方面：可以发挥整体效能，提高工作效率；能充分发挥每个人的特长和优势，根据每个人的专长去安排相应的工作，使每个部分的工作都能相对尽善尽美；分工合作强调的是团队精神，良好的团队精神和团队氛围会产生强大的动力。"近朱者赤，近墨者黑"，一个好的氛围对人的影响是巨大的，好的团队氛围可以使每个成员都尽自己最大的努力去做好工作，使工作效率成倍提高。

三、教学方法

1. 实验导入法

先带学生观察实验数据，引导学生分析数据，总结规律，导入本次课程的内容。

2. 讲授法

结合多媒体详细讲解叠加定理内容、解题步骤和注意事项，并举例题进行讲解，让学生学会如何运用所学知识解决实际问题，还可以加深对叠加定理的理解，对运用叠加定理有一个感性认识。

3. 案例分析法

观看视频——港珠澳大桥宣传片。

在港珠澳大桥建设成功的背后，分工合作在团队中十分重要。参加港珠澳大桥过程建设的大学有华南理工大学、东南大学、河海大学、同济大学、长沙理工大学、清华大学、浙江大学、长安大学、东北大学、西南交通大学、广州大学、上海交通大学、北京交通大学等，其中由华南理工大学朱良生教授带领的海洋与海岸动力学团队所负责的"港珠澳大桥桥位现场波浪观测"对大桥的建设工作起到关键作用；同济大学土木工程学院教授徐伟率团队承担了这座大桥技术最难的节点人工岛及隧道部分；清华大学土木水利工程学院李克非教授团队曾针对港珠澳大桥中的控制性工程难题——混凝土钢筋在强腐蚀条件下的耐久性设计开展了近十年的攻关；浙江大学建筑工程学院交通工程研究所承担了港珠澳大桥埋床式预制墩台的设计咨询工作和桥梁工程主体工程 CB03 标段的大节段钢结构桥梁安装监控等工作；西南交通大学张清华教授团队攻克疲劳难题，为大桥的使用时间提供了保障；长沙理工大学在大桥主体桥梁工程、土建工程施工等方面做出了卓越的贡献，保证了大桥土建工作有条不紊地进行。

港珠澳大桥的成功建设，让学生更深刻地领悟到团队分工合作的重要性，在学习中团结合作，开展合作学习、创新学习，以此相互促进，发现自己的不足，在合作中完成既定目标。

4.延伸式收尾法

港珠澳大桥的成功建设，彰显了我国综合国力的提升，更激发了学生"为中华之崛起而读书"的志向，用学到的知识报效国家、民族。

中国近百年取得的辉煌成就，是一代又一代人团结合作、努力奋斗的见证。我们为我们国家感到自豪的同时，也要致敬那些默默奋斗的英雄们。在全体中国人精诚团结、砥砺前行的努力下，我们的民族复兴梦终将会实现。

四、适用范围

1.案例适用的专业

本案例适用于自动化、电气工程、电子科学与技术、计算机科学与技术、电子信息工程、通信工程等专业。

2.案例适用的课程

本案例适用于数字电子技术、电工电子技术、计算机文化基础、数字逻辑电路分析设计等课程。

案例 5
戴维南定理——科学思维

一、案例

对复杂电路进行分析求解时，如果只需要计算某一条支路的电流，可以将这个支路划出，而把其余部分看作一个有源二端网络。所谓有源二端网络，就是具有两个出线端的部分电路，其中含有电源。不论有源二端网络的繁简程度如何，它对所要计算的这个支路而言，相当于一个电源。因此，任何一个有源二端线性网络都可用一个电动势 E 的理想电压源和内阻 R_0 串联的电源来等效代替。等效电源的电动势 E 就是有源二端网络的开路电压 U_0，即将负载断开后 a、b 两端之间的电压。等效电源的内阻 R_0 等于有源二端网络中所有电源均除去后(将各个理想电压源短路，即其电动势为 0；将各个理想电流源开路，即其电流为 0)所得到的无源二端网络 a、b 两端之间的等效电阻。

二、思政元素——科学思维

戴维南定理是通过等效把复杂的电路简单化，实现求解电路响应的目标。学生在做科学研究时，要清楚地认识到简单和复杂的辩证关系。简单性与复杂性是表征客观世界结构、组成状况特征的一对范畴。简单性指事物结构层次、组成因素的可分性、单一性，事物运动变化规律的绝对必然性等；复杂性指事物的多层次性、多因素性、多变性，事物组成要素之间、事物与环境之间的相互作用，以及事物的整体行为和演化。一般情况下，非线性、不稳定性、不确定性是复杂性的根源，它们总是把复杂性还原为简单性来处理。

在做科学研究时，要善于把复杂问题简单化处理。通常来说，最简单的往往也是最合理的，只不过人们被习惯的思维所束缚，在困难面前总是想些复杂的对策，而忘记了最简单的方法。

三、教学方法

1. 故事导入法

故事1：20世纪60年代初期，中国某大学一个研究室遇上了一件麻烦事，他们需要弄清一台进口机器的内部结构，却没有任何的图纸资料可以查阅，这台机器里有一个由100根弯管组成的固定结构，要弄清其中每一根弯管各自的入口与出口，是一件非常难的事。研究室负责人当即召集有关人员攻关，他提出完成这一重要任务，时间既不能拖得很久，钱又不能花得太多。他希望大家广开思路，不管是"洋措施"还是"土法子"，一定要想出一个简便易行的办法来。参与此事的人纷纷开动脑筋，分别提出了自己的奇思妙想，比如往每一根弯管内灌水、用光照射等，有的人甚至还提出让蚂蚁之类的小昆虫去钻那一根一根的弯管。大家提出的方法虽然都是可行的，但都很麻烦、费事，要花的时间和付出的代价也不少。后来这所学校的一个老校工提出，只需要两支粉笔和几支香烟就行了。他提出的做法是点燃香烟，并深深吸上一口，然后对着管子往里吹，吹的时候，在管子的入口处写上"1"，这时让另一个人站在管子的另一头，见烟从哪一根管子冒出来，便立刻也写上"1"。其他管子也都照此办法进行，不到两小时，100根弯管的出入口就都弄清楚了。因此，遇到任何复杂的问题，首先要明确目标，然后再想办法。

故事2：有一次，孙权送给了曹操一头大象。大象运到许昌那天，曹操便带领文武百官和小儿子曹冲一同前去观看。看到大象后，曹操让自己的手下官员想办法称出大象的重量。官员们围着大象议论纷纷，但是谁也想不出办法。就在这个时候，曹冲立即站了出来，告诉大家自己有办法称出大象的重量。他先是叫人把大象牵到船上，当船下沉时，他命人沿水平线在船上划一道记号。士兵把大象牵上岸后，曹冲又让人将石头装到船上，直到记号和水面齐平。然后，曹冲告诉曹操，只要称出石头的重量就能知道大象的重量。

这两个故事告诉我们，遇到问题，要善于观察，善于把复杂问题简单化处理。

2.讲授法

结合多媒体详细讲解戴维南定理的运用。

3.归纳式收尾法

简单性与复杂性不可分，任何事物都是既简单又复杂的，因此，认识简单性、复杂性及其辩证关系对于科学研究具有重要意义。做任何事情都要先明确目标，然后利用化复杂为简单的科学思想，逐个击破，逐步推进，完成一个个小的目标，从而实现最终目标。

四、适用范围

1.案例适用的专业

本案例适用于自动化、电气工程、电子科学与技术、计算机科学与技术、电子信息工程、通信工程等专业。

2.案例适用的课程

本案例适用于数字电子技术、电工电子技术、计算机文化基础、数字逻辑电路分析设计等课程。

案例 6
换路定则——一分耕耘一分收获

一、案例

电路的接通、断开、短路、电压改变或其他参数改变等(称为换路),使电路中的能量发生变化,但能量是不能跃变的,否则将使功率 $P=\dfrac{\mathrm{d}W}{\mathrm{d}t}$ 达到无穷大,这在实际上是不可能的。

因此,电容元件中储有的电能 $\dfrac{1}{2}cu^2$ 不能跃变,这反映在电容元件上的电压 u_c 不能跃变;电感元件中储有的电能 $\dfrac{1}{2}Li^2$ 不能跃变,这反映在电感元件上的电流 i_L 不能跃变。可见,电路的暂态过程产生的原因是因为储能元件的能量不能跃变而产生的。

设 $t=0$ 为换路瞬间, $t=0_-$ 表示换路前的终了瞬间, $t=0_+$ 表示换路后的初始瞬间。 $t=0_-$ 和 $t=0_+$ 在数值上都等于 0,但前者是指从负值趋近于 0,后者是指从正值趋近于 0。从 $t=0_-$ 到 $t=0_+$ 瞬间,电容元件中的电压和电感元件中的电流不能跃变,这称为换路定则,即换路后的初始值等于换路前的终了值, $u_c(0_+)=u_c(0_-)$, $i_L(0_+)=i_L(0_-)$ 。

换路定则仅适用于换路瞬间,可根据它来确定换路瞬间电路中电压和电流之值,即暂态过程的初始值。

二、思政元素——一分耕耘一分收获

电感和电容为储能元件，换路瞬间的能量不能跃变，所以产生了暂态过程。在换路瞬间，储能元件的能量不能跃变，对于电容元件，其两端电压不能跃变；对于电感元件，流过该元件的电流不能跃变，所以产生了暂态过程。能量守恒，是自然科学中最基本的定律之一，它科学地阐明了运动不灭的观点，能量既不会凭空产生，也不会凭空消失。充电时储存多少能量，放电时才能释放多少能量，让学生深刻体会到一分耕耘一分收获、天道酬勤、厚积薄发的道理。学生在大学学习阶段充电时储存多少能量，在以后的工作中放电时才能释放多少能量。新中国从一穷二白到今天的繁荣强大，是几代人的辛勤耕耘才换来的收获，实现民族复兴百年梦的号角已经吹响，这需要我们当代青年发奋学习，努力耕耘，积极担当起民族复兴的伟大使命，历史终将会记住我们的。

三、教学方法

1. 问题导入法

用多媒体给出一个仅含有电阻的直流电路（如图 6-1 所示）和一个含有电阻、电容的直流电路（如图 6-2 所示），当两个电路的开关闭合后，电路中的各个物理量将发生什么样的变化呢？

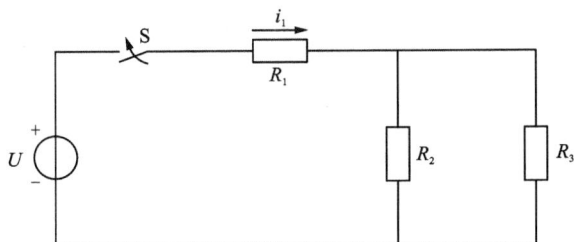

图 6-1　含有电阻的直流电路示意图

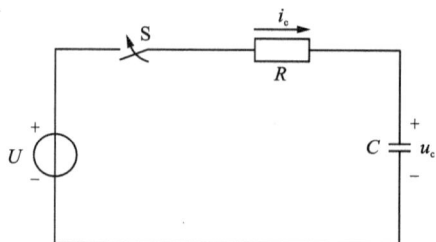

图 6-2　含有电阻、电容的直流电路示意图

纯电阻元件电路，一旦接通或断开电源，电路立即处于稳定状态。但当电路中含有电容或电感元件时，一旦接通或断开电源，这种电路一般都需要经过一定短暂时间才能到达稳态。

2. 讲授法

结合多媒体详细讲解暂态过程的概念、产生原因、产生条件及换路定则，并举例说明如何根据换路定则求解暂态过程初始值。

纯电阻元件电路，一旦接通或断开电源，电路立即处于稳定状态。但当电路中含有电容或电感元件时，一旦接通或断开电源，这种电路一般都需要经过一定短暂时间才能到达稳态，这个过程叫暂态过程。

归根到底，暂态过程产生的原因是因为能量不能跃变。

暂态过程产生的必要条件是含有储能元件，电路发生换路。含有储能元件的电路发生换路，并不一定有暂态过程发生，但电路若有暂态过程发生，则换路的电路必含有储能元件。

换路定则是 $t=0_-$ 到 $t=0_+$ 瞬间，电容元件中的电压和电感元件中的电流不能跃变，即换路后的初始值等于换路前的终了值，即 $u_c(0_+)=u_c(0_-)$，$i_L(0_+)=i_L(0_-)$。

换路前如果电容和电感没有储能，则换路瞬间电容看成短路，电感看成断路；换路前如果电容和电感有储能，则换路瞬间电容看成理想电压源，电感看成理想电流源。

3. 延伸式收尾法

本案例通过讨论一阶电路中换路时产生暂态过程的原因，引导学生理解能量守恒的运用，把普通的自然规律运用到专业学习中，并进一步探索研究课程思政内涵。学生在大学学习阶段充电时储存多少能量，在以后的工作中放电时才能释放多少能量。因此，学生在大学阶段要多积累，多读书，读好书，努力用更多的知识武装自己的大脑，努力成长为国家科技发展需要的专业人才和国家栋梁，报效祖国。

四、适用范围

1.案例适用的专业

本案例适用于自动化、电气工程、电子科学与技术、计算机科学与技术、电子信息工程、通信工程等专业。

2.案例适用的课程

本案例适用于数字电子技术、电工电子技术、计算机文化基础、数字逻辑电路分析设计等课程。

案例 7
交直之争——挑战、创新的科学精神

一、案例

从小我们就听过爱迪生救妈妈的故事，爱迪生的妈妈在家患上了急性病需要立即动手术，但奈何家里的光线比较昏暗，不利于手术的进行。急中生智的爱迪生拿来了一面镜子，将外面的光线反射进屋子里，从而营造出适合手术的环境。小时候我们读到这个故事的时候都会觉得爱迪生小时候好聪明，而且他长大后还创造出了许多当时最先进的发明，例如白炽灯。白炽灯的出现让很多户人家开始有更加光亮的照明，而直流电与交流电之争也就此开始。

说到交流电之父，很多人都会想到特斯拉，他和爱迪生就是交直流电之争的主角。据了解年轻的特斯拉在爱迪生的手下做事，而那时候爱迪生正在研究和推广直流电。直流电虽然简单直接，但是它存在多方面的缺点，其中最明显的缺点就是无法进行长远距离的传输，因此直流电发电厂必须建在用户的附近。尽管爱迪生十分聪明，他也被直流电的这些问题所困扰，于是他将遇到的难题交给特斯拉处理。

没想到特斯拉不但解决了问题，还一下子提出了好几个方案。爱迪生看过特斯拉的所有解决方案之后，选择了他所中意的一种，然后转头就向专利局申请了专利，但是该专利的署名并非是特斯拉的名字。这件事之后爱迪生和特斯拉算是结下了梁子，特斯拉离开了爱迪生之后转投了研究交流电的公司，并且在那里逐渐发挥了自己独特的作用，创造了许多关于交流电的贡献。

交流电的优点刚好可以弥补直流电的缺点，而且交流电的生产要比直流电更方便，于是特斯拉开始推广交流电。没想到在他推广的过程中遭到了爱迪生的百般阻挠，因为爱迪生属于直流电阵营的，他几乎所有的发明都依靠直流电来运行，而且他认为交流电很不安全。现在我们都知道交流电为了进行长远距离的传输，必须升到高压再进行传输，爱迪生抓住了交流电高压的缺点——在公众面前活活电死了一头马戏团的大象，从而让公众认为交流电很不安全。

　　无论历史发展的道路如何曲折，最终都会朝着真理的方向发展。爱迪生竭力在证明交流电的弊端，想方设法打击特斯拉，但特斯拉和他的交流电系统最终还是被大众所接受，因为他所做的工作符合历史发展趋势。如果当时特斯拉没有坚持交流电的研究和推广，可能人类要推迟几十年才能进入电气时代，甚至无法进入电气时代。如今每户人家都能用上电，回想过去我们会意识到这位科学人物对人类发展起到了非常重要的作用。

二、思政元素——挑战、创新的科学精神

　　人无完人，即便是权威人士，也并不意味着他们所说的便是绝对的真理。只有勇于质疑、敢于挑战权威的人才会发掘真理。华罗庚年少时期尚未成名，在一次阅读数学著作时，他发现了大数学家在论文中的差错之处。他并不迷信权威，而是在反复推算后给大数学家去信指出差错，并最终得到了大数学家的肯定。正是这种质疑的精神，让华罗庚在数学研究领域越走越远。中国共产党在解放中国的过程中，曾照搬苏联十月革命的模式，但事实证明，这条路在中国是行不通的。危急时刻，毛泽东提出了"农村包围城市，武装夺取政权"的理论，这才挽救了党，挽救了中国。不仅如此，在探索社会主义道路的进程上，也正是有了邓小平提出的改革开放政策，才使中国得到飞速发展，经济实力和综合实力逐步提升。

三、教学方法

1. 故事导入法

　　线上提前发布通知，让学生完成课外阅读——交直之争，课堂上讨论，让学生了解直流电和交流电的产生原理，以及它们在生活、生产中的广泛应用，导入本次课程内容。

2. 讲授法

结合多媒体详细讲解正弦量三要素、正弦量的相量表示。

3. 延伸式收尾法

交流和直流的跨世纪之争，告诉我们交流和直流都有它们的优缺点，我们必须要学会这两种电路的分析方法，掌握其规律，然后正确使用。同时，也让学生深刻领会科学技术都是在争论中发展的道理，学习敢向权威挑战的精神，认识创新在科技发展中的重要意义。事物在不断发展，为适应时局，我们要敢于挑战权威，敢于相信自我与真理。希望我们大学生都能像这些科学家一样具有探索和创新精神，在科学研究的道路上，敢于探索，勇于攀登。

四、适用范围

1. 案例适用的专业

本案例适用于自动化、电气工程、电子科学与技术、计算机科学与技术、电子信息工程、通信工程等专业。

2. 案例适用的课程

本案例适用于数字电子技术、电工电子技术、计算机文化基础、数字逻辑电路分析设计等课程。

案例 8
功率因数的提高——可持续高质量发展理念

一、案例

计算交流电路的平均功率要考虑电压与电流间的相位差 φ，即 $P = UI\cos\varphi$，式中的 $\cos\varphi$ 为功率因数。当电压与电流之间有相位差，即功率因数不等于 1 时，电路中发生能量互换，出现无功功率 $Q = UI\sin\varphi$。这样就引出两个问题：发电设备的容量不能充分利用；线路和发电机绕组的功率损耗会增加。由此可见，提高电网的功率因数对推动国民经济的发展有着极为重要的意义。功率因数的提高，能使发电设备的容量得到充分利用，同时也能使电能得到大量节约。也就是说，在同样的发电设备的条件下能够多发电。

功率因数不高，根本原因是电感性负载的存在。从技术经济观点出发，如何解决这个矛盾，也就是如何才能减少电源与负载之间能量的互换，而又使电感性负载能取得所需的无功功率，这就是提高功率因数的实际意义。

提高功率因数的原则：保证原负载的工作状态不变。基于此原则，提高功率因数的措施，就是在原负载两端并联静电电容器。

在电感性负载上并联了电容器以后，减少了电源与负载之间的能量互换，这时电感性负载所需的无功功率大部分或全部都是就地供给（由电容器供给），能量的互换现在主要或完全发生在电感性负载与电容器之间，因而使发电机容量能得到充分利用。这里注意，并联电容器以后有功功率并未改变，因为电容器是不消耗电能的。

二、思政元素——可持续高质量发展理念

在工程实际中，负载大部分是感性的，所以电路中的功率因数低，功率因数低会使发电设备的容量不能被充分利用，同时也会增加线路和发电机绕组的功率损耗。由此可见，提高电网的功率因数对国民经济的发展有着极为重要的意义。我们要加快国民经济的发展，但也要考虑成本的节约和能源的消耗。党的二十大报告指出，高质量发展是全面建设社会主义现代化国家的首要任务。发展是党执政兴国的第一要务。没有坚实的物质技术基础，就不可能全面建成社会主义现代化强国。我国经济已转向高质量发展阶段，经济社会发展必须以推动高质量发展为主题。推动高质量发展是遵循经济发展规律、保持经济持续健康发展的必然要求，是适应我国社会主要矛盾变化、解决发展不平衡不充分问题的必然要求，是有效防范化解各种重大风险挑战，以中国式现代化全面推进中华民族伟大复兴的必然要求。

高质量发展要求我国经济要从主要依靠增加物质资源消耗实现的粗放型高速增长，转变为依靠技术进步和提高劳动者素质实现的高质量发展。因此在发展方式上要实现从数量追赶转向质量追赶。

过去一段时间，我国更多地依靠资源、资本、劳动力等要素的投入，实现了经济快速增长和规模扩张，这种粗放型经济发展方式，造成了对资源和环境的破坏。高质量发展阶段的经济发展方式，必须把资源利用和环境代价考虑进去，要求在经济发展过程中加强生态环境保护，有效利用自然资源，避免过度开发。

三、教学方法

1.问题导入法

举例：实验室改造。实验室设备改造，上了一个感性负载的新设备（额定功率为 4800 W，功率因数为 0.6）。这个新设备一开就跳闸，实验室供电容量是 220 V/35 A（空开），从数值上看 4800<220×35，为什么会过载？该怎么办？

先用熟悉场景提问，引起共鸣；然后引导学生回顾旧知——负载功率的有

关概念(功率三角形、功率因数和功率因数角),重点是功率因数的定义(功率因数为有功功率与视在功率的比值);与学生讨论实验室跳闸的原因,设问:该怎么处理这个矛盾? 实验室电路扩容,比较麻烦,设备又必须正常使用——这个矛盾可以用提高功率因数来解决。

2.讲授法

结合多媒体详细讲解功率因数的定义、提高功率因数的意义和方法。

定性分析如何提高功率因数,引导学生基于"保证原负载状态不变(有功功率不变)"的原则,分析表达式可得:解决问题的关键是电源的无功功率 Q 变小,也就是减少感性负载与电源的无功能量交换——什么元件能分担电感的部分无功功率? 自然而然想到电感与电容的无功功率可以互补——如何将电容引入电路? 要保证原负载状态不变,也就是并联电容。逐步设问,层层递推,培养学生理论联系实际解决问题的能力。

3.归纳式收尾法

通过例题讲解,不仅可以加深学生对内容的理解,而且能提高学生运用所学知识解决实际问题的能力,同时也能让学生意识到提高功率因数的重要性,建立节能意识,树立可持续高质量发展新理念。

四、适用范围

1.案例适用的专业

本案例适用于自动化、电气工程、电子科学与技术、计算机科学与技术、电子信息工程、通信工程等专业。

2.案例适用的课程

本案例适用于数字电子技术、电工电子技术、计算机文化基础、数字逻辑电路分析设计等课程。

案例 9
百年电力——民族自豪感

一、案例

所谓正弦交流电路，是指含有正弦电源(激励)，而且电路各部分所产生的电压和电流(响应)均按正弦规律变化的电路。交流发电机中所产生的电动势和正弦信号发生器所输出的信号电压，都是随时间按正弦规律变化的，它们是常用的正弦电源。在生产和日常生活中所用的交流电，一般都是指正弦交流电。

1949 年前后，我国电力发展基础薄弱，生产能力不足、水平不高。但经过70 余年的艰苦奋斗，我国电力工业勇当先行、砥砺奋进，从小到大、从弱到强，从"用上电"到"用好电"，对社会经济发展和人民生活改善做出了积极贡献。特别是党的十八大以来，在习近平新时代中国特色社会主义思想的指引下，我国电力工业实现了从高速度发展到高质量发展的转变，实现了从"中国制造"到"中国创造"的转变，实现了从"中国产品"到"中国品牌"的转变。

2015 年，国家电网实现网内户户通电，解决了无电人口的用电问题。2017年，国家电网低调公布了"村村通动力电"项目竣工的消息，这项工程覆盖国网经营区内 26 个省、区、市，除西藏外全部实现"村村通动力电"。从此，农村用电从"点灯看电视"升级到了电力化生产，用电水平从消费层面进步到生产层面，农村经济活动因此有了更多选择。这场翻天覆地的扶贫大工程，就这样悄悄地渗入上亿农民的生活，从覆盖面和影响力来说，堪称中国乃至世界上最大的扶贫工程。

中华人民共和国成立 70 余年来，电网建设取得了举世瞩目的巨大成就。

输电线路长度从 1949 年的 35 kV 以上输电线路长度 6475 km，最高电压等级 220 kV 到 2018 年的 35 kV 以上输电线路长度 189.20 万 km，增长 291 倍，最高电压等级 1100 kV，位列世界第一；变电容量从 1949 年的 35 kV 以上变电容量 346 万 kVA 到 2018 年的 35 kV 以上 69.92 亿 kVA，增长 2020 倍；全社会用电量从 1952 年的 78 亿 kW·h 到 2018 年的 69002 亿 kW·h，增长 884 倍；人均用电量从 1949 年的 8 kW·h 到 2018 年的 4945 kW·h，增长 617 倍，大大超过世界平均水平。目前，中国已成为电力装机世界第一大国、电力消费世界第一大国、新能源装机和发电量世界第一大国；中国电网在世界五百强企业中排名第二，年营收入 3489 亿美元，利润 102 亿美元。

二、思政元素——民族自豪感

通过讲解正弦交流电的产生及它们在实际生活、生产中的应用，引出我国电网建设的成就，引导学生深刻理解"中国创造"和"中国品牌"在我国 GDP 实现高速增长和人民生活水平持续改善中的重要意义。这些光辉战绩和成就的背后，是无数电力人几十年的卧薪尝胆、艰苦奋斗。当代大学生应该学习我国电力人艰苦奋斗的精神，为我国的经济发展、科学技术发展去努力、去拼搏、去创造。在美国打响科技封锁战的今天，回头看看中国百年电力的故事，我们应该认真学习贯彻习近平新时代中国特色社会主义思想，要热爱我们的国家，更要有深深的民族自豪感。

三、教学方法

1. 讨论导入法

线上提前发布学习任务：观看视频《百年电力》《中华人民共和国 70 年电力工业跨越发展的回顾》，完成课外查阅资料（我国 70 余年来的电网成就）。

课堂讨论：正弦交流电在生产、生活中的应用？

引出本次课内容：正弦交流量三要素、相量表示法。

2.延伸式收尾法

中华人民共和国电力工业的每一次变革和发展，都与国家的变革和经济的发展紧密交织，其发展历程可分为四个阶段。

第一阶段：1949年至1978年，从中华人民共和国成立到改革开放前夕，初步建成了较为完整的电力工业体系，全国大多数人口都用上了电，但缺电现象普遍存在。

第二阶段：1978年至2000年，从改革开放初期到20世纪末，从"集资办电"到"政企分开"，电力工业进入发展快车道。

第三阶段：2001年至2012年，进入新世纪到党的十八大召开前，我国电力工业实施"厂网分开、主辅分离"，全面进入了市场化改革的新时期，电力工业得到全面、持续、快速发展。

第四阶段：2012年至今，党的十八大以来，电力工业坚持高质量发展，不断满足经济社会发展和人民生活的用电需求。

我国电力工业70多年发展的光辉历程，是一幅波澜壮阔的历史画卷，记录了在中国共产党的正确领导下，中国几代电力人奋发图强、艰苦奋斗、英勇拼搏、开拓创新的战斗历程。中国电力工业取得举世瞩目的辉煌成就，是中华民族伟大复兴的见证，是中华民族的光荣，更是中国几代电力人的光荣。

四、适用范围

1.案例适用的专业

本案例适用于自动化、电气工程、电子科学与技术、计算机科学与技术、电子信息工程、通信工程等专业。

2.案例适用的课程

本案例适用于数字电子技术、电工电子技术、计算机文化基础、数字逻辑电路分析设计等课程。

案例 10
半导体器件发展史——激发爱国情怀

一、案例

1956 年，是我国现代科学技术发展史上具有里程碑意义的一年。因为在这一年年初，党中央发出了"向科学进军"的伟大号召，根据国外发展电子器件的进程，提出中国也要研究半导体科学，并把半导体技术列为国家四大紧急措施之一。之后，中国科学院应用物理所举办了半导体器件短期培训班，把黄昆、吴锡九、黄敞、林兰英、王守武、成众志等半导体理论、晶体管制造技术和半导体线路的专家请回来授课；并在北京大学、复旦大学、吉林大学、厦门大学和南京大学五所大学内开办了半导体物理专业，共同培养第一批半导体人才。

1957 年，北京电子管厂通过还原氧化锗，拉出了锗单晶。中国科学院应用物理研究所和二机部十局第十一所开发锗晶体管。同年，中国相继研制出锗点接触二极管和三极管（即晶体管）。

1959 年，天津市"601 试验所"（中国电科 46 所前身）成功拉出中国首颗硅单晶。

1962 年，天津拉制出国内首颗砷化镓单晶（GaAs），开启了国内化合物半导体的新征程。

1963 年，中国科学院半导体所承担研制硅高频晶体管、功率晶体管和高速开关管等硅平面型器件的任务，并在 1963 年底正式试制出样管。

1965 年，河北半导体研究所召开鉴定会，鉴定了第一批半导体管，并在国内首先鉴定了 DTL 型（二极管-晶体管逻辑）数字逻辑电路。

1966 年，在工厂范围内上海元件五厂鉴定了 TTL（晶体管-晶体管逻辑）电路产品。DTL 和 TTL 都是双极型数字集成电路，它们的成功研制标志着中国已经制成了自己的小规模集成电路。

1968 年，上海无线电十四厂制成 PMOS（P 型金属-氧化物半导体）电路（MOSIC），拉开了我国发展 MOS 电路的序幕。19 世纪 70 年代初，四川永川半导体研究所（现电子第 24 所）、上海无线十四厂和北京 878 厂相继成功研制 NMOS 电路。之后，又研制出 CMOS 电路。

1972 年，我国自主研制的大规模集成电路在四川永川半导体研究所诞生，实现了从中小集成电路发展到大规模集成电路的跨越。

1975 年，北京大学物理系半导体研究小组的王阳元等人设计出我国第一批三种类型的（硅栅 NMOS、硅栅 PMOS、铝栅 NMOS）1K DRAM 动态随机存储器，它比美国英特尔公司研制的 C1103 要晚 5 年，但是比韩国要早四五年。

1976 年，中国科学院计算所成功研制 1000 万次大型电子计算机，所使用的电路为中国科学院 109 厂（现中国科学院微电子中心）研制的 ECL 型（发射极耦合逻辑）电路。

1978 年，中国科学院成立半导体研究所，由王守武领导，研制 4K DRAM。这是一项难度甚高的研究工作，而且于科技、国防、经济发展意义重大。王守武立刻一头扎进实验室中，对 40 道工艺进行设计、创新。他要求各工序的负责人明确工作流程，并严格执行，力求工艺质量的稳定。由于实验条件落后，他也对实验所用的仪器设备和基础材料进行了检修、改造和测试，使之稳定可靠，达到所需的质量标准。王守武先从研制难度不大的 256 位中规模集成电路入手，以检验工艺流程的稳定性和可靠性，随后才投入研制 4000 位动态随机存储器。1979 年 9 月 28 日，该大规模集成电路研制成功，批量成品率达 20% 以上，最高的达 40%。这一重要突破结束了我国不能制造大规模集成电路的历史。

1980 年，国内第一条 3 英寸生产线在 878 厂投产。这个厂的前身是北京在 1968 年组建的国营东光电工厂，该厂主要生产 TTU 电路、CMOS 钟表电路及 A/D 转换电路。

1982 年，为了振兴我国计算机和集成电路事业，推动电子计算机的广泛应用，国务院成立了计算机与大规模集成电路领导小组。742 厂从东芝引进 3 英寸电视机集成电路生产线，这是中国第一次从国外引进集成电路技术。

1983 年，计算机与大规模集成电路领导小组在北京召开全国计算机与大规模集成电路规划会议。会议提出了若干政策措施，正确处理自己研制与技术引进的关系，积极引进国外先进技术，增强自力更生的能力，抓紧、抓好现有企业的技术改造；把品种、质量放在首位，要把发展中小型机，特别是微型机、单板机作为重点方向；要面向应用，大力加强计算机软件工作，迅速形成软件产业；把计算机的推广应用作为整个计算机事业的重要环节来抓；加速人才培养，建立一支强大的科技队伍。

1985 年，742 厂试制出中国第一块 64K DRAM 芯片。需要提一下的是，这仅仅比韩国晚一年。

1986 年，中国第一块 65K DRAM 芯片正式宣告研制成功。同年，国内第一家设计公司北京集成电路设计中心（现中国华大集成电路设计公司）成立。这是中国集成电路设计业发展的开端。

1988 年，上海市仪表局与上海贝尔公司合资设立上海贝岭微电子制造有限公司，这是国内集成电路产业的第一家中外合资企业，建成中国大陆第一条 4 英寸芯片生产线；同年，中荷合资成立上海飞利浦半导体公司，即后来的上海先进半导体制造股份有限公司。

1989 年，机电部在无锡召开"八五"集成电路发展战略研讨会，提出了"加快基地建设，形成规模生产，注重发展专用电路，加强科研和支持条件，振兴集成电路产业"的发展战略。同年，742 厂和永川半导体研究所无锡分所合并成立了中国华晶电子集团公司。

1990 年，国家决定实施 908 工程。908 工程为中国发展集成电路的第八个五年计划，其主体承担企业是无锡华晶。1990 年始，国家集中投资 20 多亿元，目标是在无锡华晶建成一条月产 1.2 万片、6 英寸、0.8~1.2 μm 的芯片生产线。工程从开始立项到真正投产历时 7 年之久。1990 年，中国半导体行业协会成立。

1992 年，熊猫 EDA 软件正式发布。熊猫 EDA 是当时中国为了突破"巴统"对中国的禁运而兴起的项目。当时国家倾尽全力，集合了全国科研院所、企业的 117 名研究人员和 1 名华人科学家汇集于北京集成电路设计中心，从零开始攻坚 EDA 软件。项目于 1988 年正式上马。该项目的面世填补了我国这一领域的长期空白，这是我国第一套自主知识产权的 EDA 系统，打破了国外对我国 EDA 技术的长期封锁。

1993 年，无锡华晶采用 2.5 μm 工艺制造出了第一块 256K DRAM 芯片。

1995 年，电子部提出"九五"集成电路发展战略，即以市场为导向，以 CAD 为突破口，产学研用相结合，以我国为主，开展国际合作，强化投资，加强重点工程和技术创新能力的建设，促进集成电路产业进入良性循环。

1995 年，国家确定实施"909"工程。1995 年 11 月，鉴于我国集成电路发展严重落后于国外，原电子部向国务院提交了《关于"九五"期间加快我国集成电路产业发展的报告》。"909"工程是电子工业有史以来投资规模最大的国家项目，表现了当时党和国家的领导人迫切希望提高我国集成电路水平。

1995 年，首钢 NEC 建成首条 6 英寸生产线。首钢涉足半导体事业始于 20 世纪 80 年代末。在政府大力发展半导体产业政策的引导下，以及在新日铁等日本钢铁公司纷纷涉足半导体的示范下，首钢开始把注意力转向芯片这一高科技制造领域。为了弥补在技术和市场资源方面的不足，首钢选择与日本电气株式会社（NEC）合资成立子公司的方式进军芯片生产领域。新成立的首钢日电雄心勃勃，计划从 NEC 公司全面引进芯片设计、生产、管理技术并购买整套生产设备，以及 CAD、CAT 和 CAM 系统，以实现开发、设计、生产、销售、服务一条龙经营。

1996 年，国家对建设大规模集成电路芯片生产线的项目正式批复立项，这就是业界俗称的"909 工程"。"909"工程项目注册资金 40 亿元（1996 年国务院决定由中央财政再增加拨款 1 亿美元），由国务院和上海市财政按 6：4 出资拨款。1996 年，"909"工程的主体承担单位上海华虹微电子有限公司正式成立。

1998 年，华晶与上海华虹签订合约合作生产 MOS 圆片，有效期 4 年，华晶芯片生产线开始承接上海华虹来料加工业务。开始执行 100% 代工的 Foundry 模式，从此真正开始了中国大陆的 Foundry 时代；同年，上海贝岭登陆 A 股，成为国内第一家登陆主板的集成电路公司。

1999 年，国内第一条 8 英寸产线在上海华虹 NEC 建成投产。

2000 年，国家发布了《鼓励软件产业和集成电路产业发展的若干政策》，加大了对集成电路的扶持力度，集成电路产业获得快速发展。同年，中芯国际成立。同年 8 月，中芯国际在上海浦东新区张江高科技园区开始正式打桩，为中国集成电路产业写下新的一页。

2002 年，龙芯 1 号宣告研发成功，龙芯 1 号（Godson-1）是一颗 32 位元的处理器，内频（主频）是 266 MHz。龙芯 1 号 CPU 采用 $0.18~\mu m$ CMOS 工艺制造，具有良好的低功耗性，平均功耗 0.5 W，并在片内提供了一种特别设计的硬件机制，可以抗御缓冲区溢出类攻击。在硬件上抵制了缓冲溢出类攻击危险，从而大大增加了服务器的安全性。基于龙芯 CPU 的网络安全设备可以满足国家政府部门及有关企业对于网络与信息系统安全的需求。

2004 年，国内第一条 12 英寸生产线在中芯国际北京厂宣告投产；同年，华虹 NEC 成功转型进入晶圆代工领域；也就是在这一年，华为旗下的海思半导体宣告成立。

2006 年，武汉新芯成立。武汉新芯是由武汉政府出资 100 亿元新建的半导体代工厂，2008 年开始量产。2008 年开始向客户提供专业的 300 mm 晶圆代工服务，在 NOR Flash 领域已经积累了十多年的制造经验，是中国乃至世界领先的 NOR Flash 晶圆制造商之一。2017 年武汉新芯开始聚焦 IDM（Integrated Device Manufacturer）战略，发布了集产品设计、晶圆制造与产品销售于一体的自主品牌，致力于开发高性价比的 SPI NOR Flash 产品。这也正式开启了我国集成电路产业发展的新阶段。

2015 年，长电科技收购星科金鹏。中国封测巨头杀进了全球前三；同年，中芯国际 28 nm 芯片量产，进一步拉近了中国晶圆代工领域和国际领先厂商的距离。

2016 年，晋华集成、合肥长鑫和长江存储三大本土存储公司成立。

2019 年，长江存储和合肥长鑫各自宣布，在 64 层 3D NAND FLASH 和 DRAM 上取得的新突破。这也标志着国产集成电路进入了一个全新阶段。

2020 年，集成电路产业与国际先进水平的差距逐步缩小，全行业销售收入年均增速超过 20%，企业可持续发展能力大幅增强。移动智能终端、网络通信、云计算、物联网、大数据等重点领域集成电路设计技术达到国际领先水平，产业生态体系初步形成。16/14 nm 制造工艺实现规模量产，封装测试技术达到国际领先水平，关键装备和材料进入国际采购体系，基本建成技术先进、安全可靠的集成电路产业体系。

二、思政元素——激发爱国情怀

中华人民共和国成立 70 余年来，我国集成电路取得了骄人的成绩，相信未来中国芯片产业能够再攀新高峰，这也值得我们期待。预计到 2030 年，集成电路产业链主要环节将达到国际先进水平，一批企业进入国际第一梯队，实现跨越发展。在中美科技竞争加剧的情况下，本案例旨在让学生明白核心技术与创新是立足之本，引导学生努力学习，志愿将来成为国家科技创新的主力。

三、教学方法

1.讨论导入法

线上提前发布学习任务：完成课外阅读，了解我国半导体器件发展史，课堂上组织讨论，导入本次课的内容半导体导电特性。

2.归纳式收尾法

半导体的特殊导电特性，使得半导体得以广泛应用。通过实例——我国在半导体领域所取得的成绩，激发学生民族自豪感。中兴芯片事件也让我们看到，国内集成电路产业虽在一些环节上确实做到了自给自足，但是在某些领域同国外还有很大的差距。中兴芯片事件表明，核心技术一定要掌握在我们自己手里，这样中国的制造业才能立于不败之地。"芯"太软，国产芯片自给率不足，就会受制于人。不仅仅是芯片，任何技术不强都会受制于人。由此激发当代学生奋起直追的责任担当。

四、适用范围

1.案例适用的专业

本案例适用于自动化、电气工程、电子科学与技术、计算机科学与技术、电子信息工程、通信工程等专业。

2.案例适用的课程

本案例适用于数字电子技术、电工电子技术、计算机文化基础、数字逻辑电路分析设计等课程。

案例 11
二极管——培养科学创新精神

一、案例

二极管是最常用的半导体器件，最常用的半导体材料是硅和锗。在硅晶体中掺入五价元素磷，形成了 N 型半导体；在硅晶体中掺入三价元素硼，形成了 P 型半导体。在一块 N 型（或 P 型）半导体的局部再掺入浓度较大的三价（五价）杂质，使其变为 P 型（N 型）半导体。在 P 型半导体和 N 型半导体的交界面就形成一个特殊的薄层，称为 PN 结。PN 结具有单向导电性，是各种半导体器件的共同基础。将 PN 结加上相应的电极引线和管壳，就成为二极管，也具有单向导电性，应用范围很广，可用于整流、检波、限幅、元件保护，以及在数字电路中作为开关元件等。

超导体的发明与应用也引发了电子技术的革命。1911 年，荷兰物理学家 Onnes 首先发现超导，此后，也有十人在超导研究方面获得五次获诺贝尔奖。中国科学院物理研究所与中国科技大学联合攻关"40 K 以上铁基高温超导体的发现及若干基本物理性质的研究"，获 2013 年年度国家自然科学一等奖，打破了之前这一奖项连续三年空缺的记录。随后，中国科学家又发现了一系列的 50 K 以上的铁基超导体，使我国在这方面的研究走在世界前列。

"超导家族"的"超能力"体现在生产、生活的各个方面，如超导输电时电阻为 0，就可以减少线路传输上的损耗达 10%；高温超导滤波器应用于手机和卫星通信，可以改善通信信号；医院使用的各种设备（磁共振成像仪器、超导量子干涉器件）可以帮助医生准确诊断病情，提高人体心脑探测检查的精确度和灵敏度。我国建立的全球首个示范性超导变电站开辟了世界先河。

铁基高温超导体的发现与应用,提供了全新的材料体系。超导变电站将以无污染、效率高及体积小的优势成为未来变电站的发展趋势;超导计算机、超导磁悬浮列车将以更快的速度为大众提供便利与服务;基于超导技术的导弹防御和潜艇探测系统将为国防筑起钢铁长城。

二、思政元素——科学创新精神

通过对半导体、超导体材料的讲述,激励学生勤奋努力、敢于创新,培养他们对科学研究锲而不舍的精神,为将来建设祖国、造福社会贡献自己的一份力量。

三、教学方法

1. 问题导入法

回顾上节课内容,提出问题:将 PN 结加上相应的电极引线和管壳,就成为二极管,具有什么特性?有哪些方面的应用?导入本次课内容。

2. 讲授法

结合多媒体详细讲解二极管特性、参数及应用。

二极管具有单向导电性:当外加正向电压很低时,正向电流很小,几乎为0。当正向电压超过一定数值后,电流增长很快,这个一定数值的正向电压称为死区电压。通常,硅管的死区电压约为 0.5 V,锗管约为 0.1 V,导通时的正向压降硅管为 0.6~0.7 V,锗管为 0.2~0.3 V;在二极管上加反向电压时,反向电流很小,但当把反向电压加大至某一数值时,反向电流将突然增大,这种现象称为击穿,二极管失去单向导电性,产生击穿时的电压,称为反向击穿电压 $U_{(BR)}$。

二极管的主要参数有最大整流电流 I_{OM}、反向工作峰值电压 U_{RWM}、反向峰值电流 I_{RM}。

二极管的应用范围很广,可用于整流、检波、限幅、元件保护,以及在数字电路中作为开关元件等。

3. 延伸式收尾法

电子材料的出现，为二极管、三极管、MOS 管及晶闸管等的问世奠定了基础，也促进了电子技术的飞跃发展，现在的手机、计算机与通信技术均与电子材料及其器件的创新密切相关。目前，"缺芯少魂"是中国信息产业发展的一大难题，华为接连遭遇"断供"事件，把这一难题进一步凸显出来，引起全国和国际社会的广泛关注。中国芯片技术和产业发展现状如何？当前面临的最大瓶颈是什么？如何才能实现突围和自立自强？中国工程院院士、中国科学院计算技术研究所研究员倪光南认为，芯片技术是现代信息技术的制高点，芯片产业是现代精微加工制造业的经典。我国的芯片技术突飞猛进，但到目前为止，就整体产业发展而言，相较国际一流水平还有较大差距，起步晚是重要的历史原因。实践证明，核心技术是买不来的，中国芯片技术和产业的"短板"，最终还是需要中国人踏实创新来解决。芯片技术和芯片产业发展水平，关系到国家的竞争力和信息安全，中国需要一代更比一代强大的"芯片人"，这一点直接关乎国家安全。中国不仅要做芯片大国，还要做芯片强国，引导学生打铁还要自身硬，激励学生从基础知识开始，认真学习，奋发图强，迎难而上，克服困难，不断创新，学到过硬本领。

四、适用范围

1. 案例适用的专业

本案例适用于自动化、电气工程、电子科学与技术、计算机科学与技术、电子信息工程、通信工程等专业。

2. 案例适用的课程

本案例适用于数字电子技术、电工电子技术、计算机文化基础、数字逻辑电路分析设计等课程。

案例 12
三极管的三种工作状态——培养科学思维

一、案例

双极性晶体管又称三极管，通常简称为晶体管，是最重要的一种半导体器件。它的放大作用和开关作用促使电子技术实现飞跃发展。

晶体管的特性曲线能反映晶体管的性能，是分析放大电路的重要依据。最常用的是共发射极接法时的输入特性曲线和输出特性曲线。

晶体管的输出特性曲线是指当基极电流为常数时，输出电路中集电极电流与集-射极电压之间的关系曲线，在不同的基极电流下，可得出不同的曲线。

通常把晶体管的输出特性曲线分为三个工作区，如图 12-1 所示，即晶体管有三种工作状态：截止区、放大区、饱和区。

截止区　输出特性曲线中 $I_B = 0$ 的曲线以下的区域，截止时，发射结处于反向偏置，集电结处于反向偏置。此时，$I_C \approx 0$，$U_{CE} \approx U_{CC}$，发射级与集电极之间如同一个开关的断开，其间电阻很大。

放大区　输出特性曲线中，近于水平部分的区域，也称线性区，晶体管工作于放大状态，发射结处于正向偏置，集电结处于反向偏置。

饱和区　当 $U_{CE} < U_{BE}$，集电结处于正向偏置，晶体管工作于饱和状态，发射结也处于正向偏置。此时，$I_C \approx \dfrac{U_{CC}}{R_C}$，$U_{CE} \approx 0$，发射级与集电极之间如同一个开关的接通，其间电阻很小。

可见，晶体管除了有放大作用，还有开关作用。

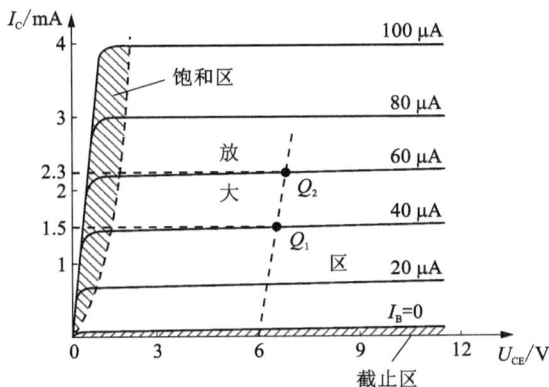

图 12-1　晶体管的三种工作区

二、思政元素——科学思维

晶体管工作在截止区和饱和区时，可作为开关器件用于数字电路，而工作在放大区时可用于模拟电路起放大电压或电流作用。因此，模拟电路和数字电路从组成器件上来讲，并无本质区别，从而回答了"数字时代为何还要学模电"这个令很多学生暗暗感到困惑又难以向老师开口的问题，帮助学生了解本课程在学科中的重要基础地位，明确学习目标，并由此发散开去，带领学生温习"透过现象看本质"的马克思主义思想，鼓励学生追求"知其然且知其所以然"的工匠精神。

三、教学方法

1. 问题导入法

最常用的半导体材料是硅和锗。在硅晶体中掺入五价元素磷，形成了 N 型半导体，在硅晶体中掺入三价元素硼，形成了 P 型半导体。在一块 N 型（或 P 型）半导体的局部再掺入浓度较大的三价（五价）杂质，使其变为 P 型（N 型）半导体。在 P 型半导体和 N 型半导体的交界面就形成一个特殊的薄层，称为 PN 结。PN 结具有单向导电性，是各种半导体器件的共同基础。将 PN 结加上相应的电极引线和管壳，就成为二极管，也具有单向导电性。把两块 N 型半导体和一块 P 型半导体(或者两块 P 型半导体和一块 N 型半导体)做在一起,又将形成什么呢?

知识回顾,温故知新,从已学知识引出本节课新内容。

2. 讲授法

结合多媒体详细讲解三极管结构、工作原理、参数。

晶体管的结构,目前最常见的有平面型和合金型两类。硅管主要是平面型,锗管都是合金型,不论是平面型还是合金型,都分成 NPN 或 PNP 三层。每一类都分成基区、发射区和集电区,分别引出基极、发射极、集电极。每一类都有两个 PN 结,基区和发射区之间的结称为发射结,基区和集电区之间的结称为集电结。

以共发射极电路为例,通过分析实验数据,发现晶体管具有电流分配与放大作用。从共发射极接法时的输出特性曲线可以看出,晶体管有三种工作状态:输出特性曲线近于水平部分区域,也称线性区,晶体管工作于放大状态,发射结处于正向偏置,集电结处于反向偏置;输出特性曲线中 $I_B = 0$ 的曲线以下的区域,称为截止区,发射结处于反向偏置,集电结处于反向偏置,晶体管工作于截止状态,此时,$I_C \approx 0$,$U_{CE} \approx U_{CC}$,发射级与集电极之间如同一个开关的断开,其间电阻很大;当 $U_{CE} < U_{BE}$,集电结处于正向偏置,晶体管工作于饱和状态,发射结也处于正向偏置。此时晶体管工作于饱和状态,$I_C \approx \dfrac{U_{CC}}{R_C}$,$U_{CE} \approx 0$,发射级与集电极之间如同一个开关的接通,其间电阻很小。

晶体管的特性除用特性曲线表示外,还可用一些参数来说明,主要参数有以下几个:电流放大系数、集-基极反向截止电流、集-射极反向截止电流、集电极最大允许电流、集-射极反向击穿电压、集电极最大允许耗散功率等。

3. 延伸式收尾法

晶体管工作在截止区和饱和区时,可作为开关器件用于数字电路,而工作在放大区时可用于模拟电路起放大电压或电流作用。因此,模拟电路和数字电路从组成器件上来讲,并无本质区别。希望学生们透过现象看本质,知其然且知其所以然,同时应清醒地认识到集成芯片对现代信息技术发展的重要性,努力学习,刻苦攻关,力争做芯片行业的大国工匠。

四、适用范围

1.案例适用的专业

本案例适用于自动化、电气工程、电子科学与技术、计算机科学与技术、电子信息工程、通信工程等专业。

2.案例适用的课程

本案例适用于数字电子技术、电工电子技术、计算机文化基础、数字逻辑电路分析设计等课程。

案例 13
基本放大电路的组成——通力合作、共谋大业

一、案例

放大电路是信号源与负载之间的桥梁，无论何种类型的放大电路，均由三部分组成如图13-1所示，以共发射极放大电路为例：第一部分是晶体管，它是放大电路的核心；第二部分是直流偏置电路，使晶体管发射结正偏，集电结反偏；第三部分是为信号提供通路的耦合电容 C_1 和 C_2。C_1 的作用是将输入信号传递到晶体管上，C_2 的作用是将被晶体管放大后的信号送到负载上。C_1 的另一个作用是可以隔断直流电源对信号源的影响，而 C_2 可以隔断直流电源对负载的影响。所以 C_1 和 C_2 既称耦合电容器，又称隔直电容器，由于工作要求，C_1 和 C_2 的容量较大，容抗很小。

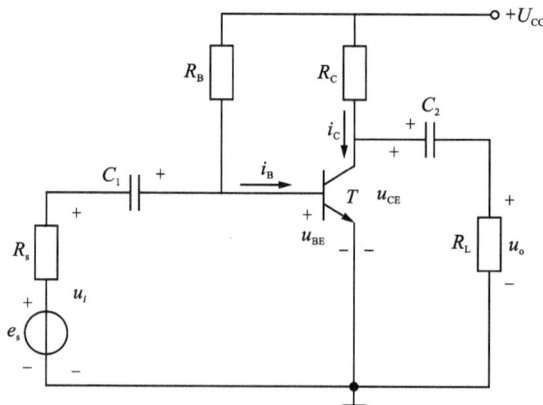

图 13-1 放大电路示意图

晶体管起放大作用，必须保证晶体管工作在线性区，即保证晶体管的发射结正偏，集电结反偏，在输入信号的控制之下，通过晶体管将直流电源能量转化为输出信号的能量；集电极负载电阻 R_C，将变化的集电极电流转化为电压输出；偏置电阻 R_B 提供合适的偏值，保证晶体管工作在线性区，使信号不产生失真；耦合电容 C_1 保证交流信号加到发射结，但又不影响发射结的偏置，耦合电容 C_2 保证信号输送到负载，不影响集电结的偏置；直流电源为放大电路提供工作电源，为保证晶体管放大信号提供能量来源。三部分共同作用，通力合作，实现放大电路的信号放大功能。

二、思政元素——通力合作　共谋大业

放大电路的各个部分缺一不可，共同作用，才能保证信号不失真，实现放大的功能。让学生们明白个人的力量是微不足道的，大家要心往一处想、智往一处谋、拧成一股绳，同心同德，才能战胜一切艰难险阻，中华民族的伟大复兴，必须依靠年轻人通力合作、奋发图强、共谋大业。在大学生培养方案中，将团队合作精神列为重要的培养目标之一，说明个人的力量有限，必须博采众长，团队协作，形成合力才能成就大事。

三、教学方法

1. 问题导入法

老师上课用的扩音器，就是一个典型的放大电路，它是如何工作的呢？通过提问，引出本次课的内容。

2. 讲授法

结合多媒体详细讲解基本放大电路的组成。

3. 延伸式收尾法

2021 年，中国共产党成立 100 周年，这是中国从弱小到强大、从幼稚到成熟的一百年，是为中国人民谋幸福、为中华民族谋复兴的一百年。在波澜壮阔

的百年征程中,中国共产党团结带领全国各族人民砥砺奋进,跨过一道又一道沟坎,取得一个又一个胜利,为中华民族创造了伟大历史成就:开辟了一条中国特色社会主义道路;创造了两大历史奇迹——实现经济快速发展、实现社会长期稳定;实现了三个伟大飞跃——中华民族站起来、富起来、强起来的伟大飞跃;开创了四个伟大创举——建成世界上最大的马克思主义执政党、建成惠及全体人民的小康社会、前所未有地走进了世界舞台中央;发展了五大理论成果——创立了毛泽东思想、创立了邓小平理论、形成了"三个代表"重要思想、形成了科学发展观、创立了习近平新时代中国特色社会主义思想。

中国近百年取得的辉煌成就,是一代又一代中国人团结一心、通力合作、奋发图强、努力奋斗的见证。

四、适用范围

1.案例适用的专业

本案例适用于自动化、电气工程、电子科学与技术、计算机科学与技术、电子信息工程、通信工程等专业。

2.案例适用的课程

本案例适用于数字电子技术、电工电子技术、计算机文化基础、数字逻辑电路分析设计等课程。

案例 14
基本放大电路的工作原理——培养科学辩证思维

一、案例

无论何种类型的放大电路，均由三部分组成。以共发射极放大电路为例，如图 14-1 所示，第一部分是晶体管，它是放大电路的核心；第二部分是直流偏置电路，使晶体管发射结正偏，集电结反偏；第三部分是为信号提供通路的耦合电容 C_1 和 C_2。C_1 的作用是将输入信号传递到晶体管上，C_2 的作用是将被晶体管放大后的信号送到负载上。C_1 的另一个作用是可以隔断直流电源对信号源的影响，而 C_2 可以隔断直流电源对负载的影响。所以 C_1 和 C_2 既称耦合电容器，又称隔直电容器，由于工作要求，C_1 和 C_2 的容量较大，容抗很小。

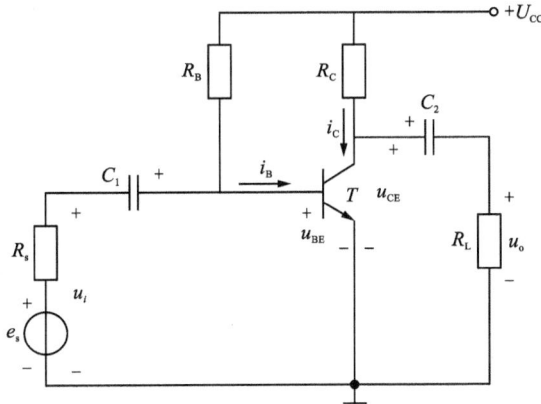

图 14-1 放大电路示意图

当交流输入信号为 0 时，直流电源通过各偏置电阻为晶体管提供直流的基极电流和直流集电极电流，并在晶体管的三个极间形成一定的直流电压降。由于耦合电容的隔直流作用，直流电压无法到达放大电路的输入端和输出端。

当交流输入信号不等于 0，交流输入信号通过耦合电容 C_1 加在晶体管的发射结上，使发射结压降随之变化，从而产生基极电流 i_b。由于晶体管的电流放大作用，集电极电流 i_c 要比基极电流 i_b 大几十倍，集电极电流 i_c 在集电极输出端交流负载电阻上可以得到较大的电压降 u_{ce}，这个电压降经过耦合电容 C_2 到达负载电阻，也就是输出电压。一般来说，只要电路参数设置合适，输出电压可以比输入电压高许多倍，完成电路的放大作用。放大电路中晶体管集电极的直流信号，不随输入信号的变化而改变，而交流信号随输入信号而发生变化。在放大过程中，晶体管的集电极交流信号叠加在直流信号上，经过耦合电容，从输出端提取的只是交流信号。

由此，我们可以看出，动态信号是驮载在静态工作点上，当基极电流太小，导致静态工作点太低，晶体管将会工作在截止区，将会使输出波形产生截止失真；当基极电流太大，导致静态工作点太高，晶体管将会工作在饱和区，将会使输出波形产生饱和失真。

二、思政元素——科学辩证思维

学生会将放大的条件误解为放大的实质，这里就需要学生有辩证思考的能力。要明确一切事物的发展都有其内在和外在的原因。内部原因是事物发展变化的根本推动因素，外部原因是事物发展变化的外加驱动条件，外因必须通过内因才能发挥作用。这里放大的本质是能量的控制和转换，而体现出来的作用是将微小变化的输出信号放大。电路的放大条件是三极管发射结正向偏置，集电结反向偏置。放大电路之所以能够放大，本质是将直流电源提供的能量转化为放大的交流信号，是能量的提供者，是内因，放大的条件是保证能量可以转换，是外因。所以放大的本质是直流电源的能量转化为放大的输出信号。只有具备辩证的思考能力，才能准确地理解。

三、教学方法

1. 问题导入法

老师上课用的扩音器，就是一个典型的放大电路，它是如何工作的呢？通过提问，引出本次课的内容。

2. 讲授法

（1）结合多媒体详细讲解放大电路的组成。

晶体管起放大作用，在输入信号的控制之下，通过晶体管将直流电源能量转化为输出信号的能量；集电极负载电阻 R_C，将变化的集电极电流转化为电压输出；偏置电阻 R_B 提供合适的偏值，保证晶体管控制在线性区，使信号不产生失真。要保证晶体管工作在线性区，即要保证晶体管的发射结正偏，集电结反偏，耦合电容 C_1 保证交流信号加到发射结，但又不影响发射结的偏置，C_2 保证信号输送到负载，不影响集电结的偏置。直流电源为放大电路提供工作电源，为保证晶体管放大信号提供能量来源。

（2）结合多媒体详细讲解放大电路的工作原理。

输入信号为 0，称为放大电路的直流工作状态，也称静态；输入信号不等于 0，称为放大电路的交流工作状态，也称动态。分析放大电路必须要正确区分静态和动态。放大电路建立正确的静态，是保证动态工作的前提，没有正确的静态就不可能有正确的动态。在进行放大电路动态分析之前，必须先进行静态分析。静态工作状态正确了，动态分析才有意义。就好像有一个扩音机，已经通电，但没有人对着扬声器讲话，扬声器中没有被放大了的讲话声，这就相当于静态。如果一旦讲话，扬声器中就有放大的声音传出，这相当于动态。显然没有静态，你对着扬声器讲话，扩音机中的放大电路是不会放大声音的，没有静态就没有动态。

3. 延伸式收尾法

现在，我国也面临着美国在政治、经济、外交、科技、军事等领域的全方位打压，这将是一个长期、持久的动态过程。但我国有中国共产党的坚强领导，有 14 亿人口的大市场，有社会主义集中力量办大事的优越性，有每年几百万的大学毕业生作为后备工程师，有自主创新、知识产权保护、关键核心技术意识的觉醒，对高科技领域的重视和加大投入，有齐全的工业生产门类，有扎实的制造业基础等，这是一个静态基础。虽然中美之间的抗争是一个长期持久的过程，但我们有一个强大的静态基础，相信中国一定能赢得最后的胜利。

四、适用范围

1. 案例适用的专业

本案例适用于自动化、电气工程、电子科学与技术、计算机科学与技术、电子信息工程、通信工程等专业。

2. 案例适用的课程

本案例适用于数字电子技术、电工电子技术、计算机文化基础、数字逻辑电路分析设计等课程。

案例 15
布尔代数的提出——自主学习、终身学习

一、案例

数字电子技术主要讲述物理量之间的逻辑关系，而描述逻辑关系的就是布尔代数。布尔代数，也叫开关代数或逻辑代数，它是分析与设计逻辑电路的数学工具。它虽然和普通代数一样，也用字母（A，B，C，……）表示变量，但变量的取值只有 0 和 1 两种。所谓逻辑 1 和逻辑 0，它们不是数字符号，而是代表两种相反的逻辑状态。布尔代数（逻辑代数）所表示的是逻辑关系，不是数量关系，这是它与普通代数本质上的区别。

布尔代数（逻辑代数）非常简单，但是对数学和计算机发展的意义重大，它不仅把逻辑和数学合二为一，而且给了我们一个看待世界的全新视角，开创了今天数字化的时代。

那逻辑代数（布尔代数）是如何提出的呢？

布尔（乔治·布尔）于 1815 年 11 月 2 日出生在英国伦敦林肯郡，是制鞋匠约翰·布尔的大儿子。当时的英国，制鞋匠所处的社会地位基本上属于所谓"下等阶级"，能够获得的生活和学习条件相比于"上等阶级"而言有很大的差距。布尔出生的那一年恰好是欧洲滑铁卢大战的年份，战争带来的社会动荡和物资匮乏对于下等阶级的生活产生了很大的影响。因此，布尔从小就注定陷入贫困的命运。但是布尔并不屈服于命运的安排，在艰难困苦的生活条件下，布尔依然从小就开始通过各种渠道进行学习。

布尔广泛阅读历史、地理和科学，尤其喜欢小说和诗歌。在维多利亚时代前后的英国，懂一点拉丁文，或者再稍微懂一些希腊文，往往就是一个上等人

的标志。虽然当时没有多少儿童能够读懂拉丁文，但如果能了解一些拉丁文的语法，仍然是高贵的标志。因此，布尔在 12 岁入学的时候，他的兴趣发生了一些转变，从科学转向了语言学习。然而，布尔所在的学校不教拉丁文，布尔认为要走出贫困，必须学习拉丁文和希腊文。尽管没有他人的帮助，布尔仍坚持拼命自学拉丁文和希腊文。终于，功夫不负有心人，布尔开始能够将许多拉丁语散文写得庄严得体，且语法严谨正确。正是这种早期的语言学习训练深深影响了布尔的逻辑思维，他觉得构建逻辑代数和学习语言是类似的，这为他后来发明布尔代数打下了很好的基础。之后，布尔又自学了法语、德语和意大利语，在欧洲大陆科学出版物被翻译成英语之前，他就已经能够阅读原文了。

20 岁的时候，布尔开办了自己的私立学校。在学校里，数学是必修课程，所以布尔也必须给学生们教数学。这种情况也促使布尔很快对数学重新产生了兴趣。可是，当时的教科书有很多不足。开始他对教科书的错误表示惊讶，接着是不满与轻蔑，他开始更加认真地研究数学，但布尔只能靠自学才能掌握这些数学知识。经过漫长时间和不同寻常的努力，1847 年，布尔出版了《逻辑学的数学分析》一书。1854 年，他发表了《对于奠定逻辑和概率的数学理论基础的思维规律的研究》(简称《思维规律》)一文。这是他最著名的著作。在这本书中，布尔介绍了现在以他的名字命名的布尔代数。

二、思政元素——自主学习、终身学习

布尔代数的提出，告诉学生们自主学习、终身学习的重要性。面对科学技术飞速发展带来的挑战，面对知识更新频率加快的挑战，仅仅靠在学校学到的知识已经远远不够，每个人在学会自主学习的同时，还必须养成终身学习的好习惯。在未来发展中，学生是否具有竞争力，是否具有巨大潜力，是否具有在信息时代轻车熟路驾驭知识的本领，从根本上讲，都取决于学生是否具有自主学习和终身学习的本领。

三、教学方法

1. 讨论导入法

线上提前发布学习任务：完成学习通上课外阅读——数位科技的创始人；

课堂上组织讨论：数字电子技术主要讲述物理量之间的逻辑关系，而描述逻辑关系的就是布尔代数。同学们课前完成了线上的课外阅读，请大家谈谈，布尔代数的提出，给我们带来什么启示呢？

2. 延伸式收尾法

自主学习能力的培养，对当代大学生而言尤为重要。线上线下混合教学模式的实施，就是基于"四新"背景和课程思政背景的教学改革——从教学转变为教育，从以老师为中心的教学转变为以学生为主体的教学，目的就是培养学生自主学习的能力，培养学生终身学习的好习惯，为中国复兴的百年梦培养卓越人才。

四、适用范围

1. 案例适用的专业

本案例适用于自动化、电气工程、电子科学与技术、计算机科学与技术、电子信息工程、通信工程等专业。

2. 案例适用的课程

本案例适用于数字电子技术、电工电子技术、计算机文化基础、数字逻辑电路分析设计等课程。

案例 16
门电路——培养科学自主创新精神

一、案例

在数字电路中,门电路是最基本的逻辑元件之一,它的应用极为广泛。分立元器件构成的基本逻辑门有二极管与门、二极管或门、二极管非门等。集成电路与分立元器件相比,具有高可靠性和微型化等优点,有 TTL 门、CMOS 门等。

20 世纪初首先得到推广应用的电子器件是真空电子管。它是在抽成真空的玻璃或金属外壳内安置特制的阳极、阴极、栅极和加热用的灯丝而制成的。电子管的发明引发了通信技术的革命,产生了无线电通信和早期的无线电广播和电视。这就是电子技术的"电子管时代"。

由于电子管在工作时必须用灯丝将阴极加热到数千摄氏度的高温以后,阴极才能发射出电子流,所以这种电子器件不仅体积大、笨重,而且耗电量大,寿命短,可靠性差。因此,各国的科学家开始致力于寻找性能更为优越的电子器件。

1947 年,美国贝尔实验室的科学家巴丁(Bardeen)、布莱顿(Brattain)和肖克利(Shockley)发明了晶体管(即半导体三极管)。由于它是一种固体器件,而且不需要用灯丝加热,所以不仅体积小、质量小、耗电省,而且寿命长,可靠性也大为提高。从 20 世纪 50 年代初开始,晶体管在几乎所有的应用领域中逐渐取代了电子管,导致了电子设备的大规模更新换代。同时,也为电子技术更广泛地应用提供了有利条件,用晶体管制造的计算机开始在各种民用领域得到推广应用。

1960 年又诞生了新型的金属–氧化物–半导体场效应三极管(MOSFET),为后来大规模集成电路的研制奠定了基础。我们把这一时期叫做电子技术的"晶体管时代"。为了满足许多应用领域对电子电路微型化的需要，美国德克萨斯仪器公司（Texas Instruments）的科学家吉尔比（Kilby）于 1959 年研制成功了集成电路（integrated circuit，IC）。由于这种集成电路将为数众多的晶体管、电阻和连线组成的电子电路制作在同一块硅半导体芯片上，所以不仅减小了电子电路的体积，实现了电子电路的微型化，而且还使电路的可靠性大为提高。

从 20 世纪 60 年代开始，集成电路大规模投放市场，并再一次引发了电子设备的全面更新换代，开创了电子技术的"集成电路时代"。随着集成电路制造技术的不断进步，集成电路的集成度（每个芯片包含的三极管数目或者门电路的数目）不断提高。在不足 10 年的时间里，集成电路制造技术便实现了从小规模集成（small scale integration，SSI），每个芯片包含 10 个以内逻辑门电路，到中规模集成（medium scale integration，MSI），每个芯片包含 10～1000 个逻辑门电路，再到大规模集成（large scale integration，LSI），每个芯片包含 1000～10 000 个逻辑门电路，最后到超大规模集成（very large scale integration，VLSI），每个芯片含 10 000 个以上逻辑门电路的发展过程。自 20 世纪 70 年代以来，集成电路基本上遵循着摩尔定律（Moore's Law）在发展进步，即每一年半左右集成电路的综合性能提高一倍，每三年左右集成电路的集成度提高一倍。

2016 年 2 月，习近平总书记在江西考察期间，专程来到南昌大学国家硅基LED 工程技术研究中心看望师生。习近平总书记指出，"核心技术是买不来的"，"我国发展必须依靠创新。掌握核心技术的过程很艰难，但这条道路必须走"，鼓励科研人员继续发扬"十年磨一剑""梅花香自苦寒来"的艰苦奋斗精神。

中兴芯片事件：美国商务部在 2018 年 4 月 16 日宣布，直到 2025 年 3 月 13 日，将禁止美国公司向中兴通讯销售零部件、商品、软件和技术，理由是中兴违反了美国限制向伊朗出售美国技术的制裁条款。由于美国公司在这 7 年内都不得卖东西给中兴，对中兴而言，未来不论是产品开发、规划，还是制造、销售等环节都会受到极大的影响，此次事件无疑将重挫中兴的发展。

华为事件：2019 年 5 月 16 日，美国商务部工业和安全局（BIS）出于政治目的打压，将中国科技巨头企业华为列入贸易特殊名单（实体名单），除非获得特殊批准，否则美国企业不得向华为及其附属公司出售一切重要的技术、配件，中断了华为与诸多美国企业的合作。美国政府认为华为作为中国科技巨头"依赖"着美企，所以他们企图通过"实体名单"限制中国科技行业发展。

二、思政元素——科学自主创新

通过介绍半导体器件与集成电路的发展历史，阐述其在信息技术产业中的核心基础作用，激发学生对科学研究的兴趣，使学生清楚认识到创新对社会和经济生活产生的巨大影响。

中兴事件和华为事件说明，半导体芯片的设计与制造技术是信息技术产业的核心技术，核心技术构成了国家的核心竞争力。特别是在中美关系面临复杂困难局面的当下，自主掌握核心技术，拥有创新能力，事关国家的核心战略利益，必须牢记习近平总书记的嘱托，自力更生，自主创新。

三、教学方法

1.讨论导入法

线上提前发布学习任务，完成课外阅读：案例1，我国半导体器件与集成电路发展史；案例2，中兴事件和华为事件。课堂上组织学生讨论。

2.延伸式收尾法

集成电路产业是国民经济和社会发展的战略性、基础性、先导性产业，已成为实现科技强国、产业强国的关键标志，其全产业链中的短板缺项成为制约我国数字经济高质量发展、影响综合国力提升的关键因素之一。当代大学生务必清醒地意识到自己肩上的重任，努力学习，刻苦攻关，自主创新。

四、适用范围

1.案例适用的专业

本案例适用于自动化、电气工程、电子科学与技术、计算机科学与技术、电子信息工程、通信工程等专业。

2. 案例适用的课程

本案例适用于数字电子技术、电工电子技术、计算机文化基础、数字逻辑电路分析设计等课程。

案例 17
逻辑函数化简——高质量发展新理念

一、案例

一个逻辑函数表达式有多种类型，各种类型表达式还有简单和复杂之分。显然，一个逻辑函数的表达式越简单，它所表示的逻辑关系就越明显，实现该逻辑函数所用的器件也就越少，电路的可靠性也相应越高。

例如，逻辑函数 $Y = \overline{A}\,\overline{B}\,\overline{C} + A\overline{B}\,\overline{C} + ABC + A\overline{B}C + \overline{A}\,\overline{B}\,C$，当对其进行化简以后可得 $Y = \overline{B} + A\overline{C}$。对比可以看出，对应同一逻辑函数，如果表达式比较简单，那么实现时所用的元件就比较少，门输入端引线也减少，既可降低成本又可提高电路的可靠性。因此，逻辑函数的化简是组合逻辑电路设计中十分重要的环节，也是每个电子工程师所关注的问题：在设计电路时做到既满足设计要求，又能用最简单、成本最低的方式实现，同时还可以提高电路的可靠性。

所谓逻辑函数的化简，就是使逻辑函数的形式最简单。对于不同类型的逻辑函数，其最简的标准不一样。实践证明，在各种类型表达式中，与或表达式是最基本的，其他各种类型表达式都是在与或表达式的基础上发展起来的。

一个最简与或表达式的标准有两个：一是函数式中的与项最少；二是每个与项中的变量个数最少。因为乘积项的个数最少，对应的逻辑电路所用的与门个数就最少，乘积项中变量的个数最少，对应逻辑电路所用的与输入端个数就最少。

常用的化简方法有公式化简法和卡诺图化简法。

公式化简法的基本原理是利用逻辑代数的基本公式和常用公式进行化简，

58

常用方法有并项法、吸收法、加项法、配项法。在实际化简时，往往需要综合运用上述方法。公式化简法的特点是适用面广，技巧性强，但缺乏直观性，存在的问题：一是在化简过程中没有严格固定的步骤可循，化简过程中每一步可用的公式很多，究竟选哪一个好，往往需要试错和一定的经验和技巧；二是没有一个明确的化简方向，一个逻辑函数是否已经达到最简，往往难以断定。

卡诺图化简法的基本原理是先用卡诺图表示逻辑函数，再利用卡诺图中相邻最小项的合并原理来化简。化简步骤如下：将函数化为最小项之和的形式；画出表示该逻辑函数的卡诺图；找出可以合并的最小项；选取化简后的乘积项（选取原则：选取的乘积项需包含函数式中所有的最小项；所用的乘积项数目最少；每个乘积项包含的因子最少）。卡诺图化简法的特点是直观性强，规律性好，但是一般只适用于五变量以内的逻辑函数。

有时，在特定场合下，我们还需根据设计要求进行函数变换，变换的方法是逻辑代数的公式和定理。

二、思政元素——高质量发展新理念

逻辑函数的化简有利于简化电路设计，降低电路成本，提高电路的可靠性。这种电路设计理念正好与我们当前提倡的高质量发展新理念相吻合。从个人层面来看，我们在处理社会生活中面临的问题时，既要解决问题，也要考虑经济成本，正所谓"少花钱多办事"，培养勤俭节约的生活习惯。从国家层面来看，我国进入了建设中国特色社会主义的新时代，发展经济不能以牺牲环境和资源为代价，不能盲目追求 GDP 的发展速度，而应推进经济的高质量发展，倡导"绿色、协调、创新、共享"的发展理念，在全面建成小康社会的基础上，朝着建设社会主义现代化国家奋勇前进，实现中华民族的伟大复兴。

三、教学方法

1. 问题导入法

用多媒体展示由逻辑函数 $Y = \overline{A}\,\overline{B}\,\overline{C} + \overline{A}\,\overline{B}\,C + \overline{A}BC + A\overline{B}\,\overline{C} + A\overline{B}C$ 实现的逻辑电

路图如图 17-1 所示。当对其进行化简以后可得 $Y=\overline{B}+\overline{A}C$，由其实现的逻辑电路图如图 17-2 所示。

对比两个逻辑电路图，哪个逻辑电路图最优？最优原则：设计电路时能做到既满足设计要求，又能用最简单、成本最低的方式实现，同时还能提高电路的可靠性。

导入本次课内容，引出逻辑函数化简的意义、目标、方法。

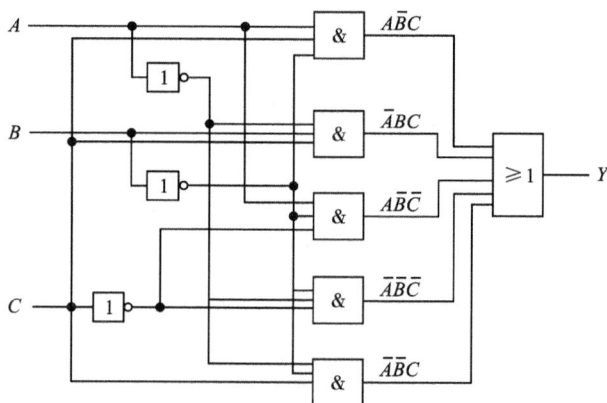

图 17-1 逻辑电路示意图

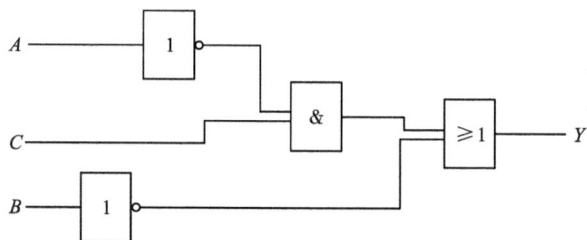

图 17-2 简化的逻辑电路示意图

2. 归纳总结法

逻辑函数的化简，使电路实现最简性成为现实。同学们应充分认识到逻辑函数化简的必要性，同时还应在以后的生活和工作中积极倡导"绿色、协调、创新、共享"的发展理念，培养自己勤俭节约的工作态度和生活习惯，扎实工作，报效祖国。

四、适用范围

1. 案例适用的专业

本案例适用于自动化、电气工程、电子科学与技术、计算机科学与技术、电子信息工程、通信工程等专业。

2. 案例适用的课程

本案例适用于数字电子技术、电工电子技术、计算机文化基础、数字逻辑电路分析设计等课程。

案例 18
组合逻辑电路分析——个体、整体、人类命运共同体理念

一、案例

由各个逻辑门组合在一起构成的电路，叫组合逻辑电路，其特征是当前的输出只取决于当前的输入。

组合逻辑电路的分析，就是指给出具体的电路，说出电路所能实现的功能。具体的分析步骤是先根据图写出逻辑表达式，再化简逻辑表达式，写出真值表，最后分析出电路实现的功能。

二、思政元素——个体、整体、人类命运共同体理念

通过对组合逻辑电路分析方法的讲述，理解组合逻辑电路是由单个的逻辑门组成，每个门电路实现一个逻辑功能，当把单个的逻辑门组合在一起，就可以实现完整的、更强大的、多样化的功能。

引导学生要正确看待个体与整体的辩证关系。我们要有大局意识，集中力量才能办大事；同时个体制约整体，我们要重视个体的作用，有时"千里之堤，溃于蚁穴"。

引出习近平总书记提出的人类命运共同体理念。2013 年 3 月，习近平总书记首次在外交场合向国际社会提出人类命运共同体理念。这个世界，各国相互联系、相互依存的程度空前加深，人类生活在同一个地球村里，生活在历史和现实交汇的同一个时空里，越来越成为你中有我、我中有你的命运共同体。利

益高度融合,彼此相互依存。每个国家都有发展权利,同时都应该在更加广阔的层面考虑自身利益,不能以损害其他国家利益为代价。我们要坚定不移发展开放型世界经济,在开放中分享机会和利益、实现互利共赢。

三、教学方法

1. 问题导入法

(1)用多媒体展示由多个逻辑门组合构成的一个组合逻辑电路图 18-1,如何分析这个电路实现的功能呢?

引出组合逻辑电路的分析步骤:

①先根据图写出逻辑表达式;

②化简逻辑表达式;

③写出真值表,见表 18-1;

④分析出电路实现的功能:当输入 A 和 B 同为 1 或 0 时,输出为 1;否则,输出为 0。这种电路称为同或门电路。

在这个电路中,共有 5 个门,分别为 2 个非门,3 个与非门,实现了同或的功能,可用于判断输入是否一致。

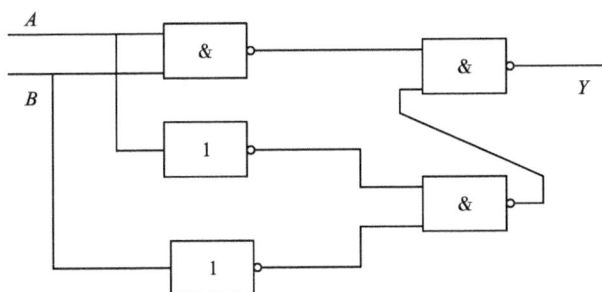

图 18-1　组合逻辑电路

表 18-1　真值表

A	B	Y
0	0	1
0	1	0
1	0	0
1	1	1

2. 案例分析法

举生活实例,见图 18-2,分析讨论电路实现的功能。

设开关闭合时，$S=1$；开锁信号为 Y，$Y=1$ 开锁；报警信号为 Z，$Z=1$ 报警。

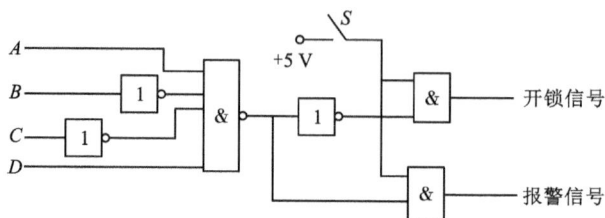

图 18-2　开锁电路

①先根据图写出逻辑表达式；

②化简逻辑表达式；

③写出真值表，见表 18-2；

④分析出电路实现的功能：当输入 $ABCD=1001$，且 $S=1$ 时，$Y=1$ 开锁；否则，$Z=1$ 报警。故开锁密码 $ABCD$ 为 1001。

在这个电路中，共有 6 个门，分别为 3 个非门，2 个与门，1 个与非门，实现了密码锁控制电路的功能。

表 18-2　逻辑表达式真值表

S	A	B	C	D	Y	Z
1	0	0	0	0	0	1
1	0	0	0	1	0	1
1	0	0	1	0	0	1
1	0	0	1	1	0	1
1	0	1	0	0	0	1
1	0	1	0	1	0	1
1	0	1	1	0	0	1
1	0	1	1	1	0	1
1	1	0	0	0	0	1
1	1	0	0	1	1	0

续表18-2

S	A	B	C	D	Y	Z
1	1	0	1	0	0	1
1	1	0	1	1	0	1
1	1	1	0	0	0	1
1	1	1	0	1	0	1
1	1	1	1	0	0	1
1	1	1	1	1	0	1

3.延伸式收尾法

组合逻辑电路是由单个的逻辑门组成，每个门电路实现一个逻辑功能，当把单个的逻辑门组合在一起，就可以实现完整的、更强大的、多样化的功能。要正确看待个体与整体的辩证关系。我们要有大局意识，集中力量才能办大事。

同时个体制约整体，我们要重视个体的作用，有时"千里之堤，溃于蚁穴"。整个世界也是如此，每个国家都要有人类命运共同体理念，世界各国才能在发展的同时实现互利共赢。

四、适用范围

1.案例适用的专业

本案例适用于自动化、电气工程、电子科学与技术、计算机科学与技术、电子信息工程、通信工程等专业。

2.案例适用的课程

本案例适用于数字电子技术、电工电子技术、计算机文化基础、数字逻辑电路分析设计等课程。

案例 19
组合逻辑电路设计——制度自信

一、案例

观看投票表决大会现场图片，图片上大会代表正利用手中的表决器在进行投票表决。

两会上的表决，经历了这样几个过程：

先是从"手决"到"票决"。最初的"举手表决"让我们经常看到"一致通过"的盛况。后来，"手决"被"票决"代替，在一定程度上确保了投票人的真实意见表达。

然后是在"票决"中由不动笔到动笔。一段时间，在等额选举中采取的是投赞成票不需要动笔的做法。这种做法也让投票者的权利受到干扰，因为众目睽睽之下，谁只要动了笔，就是表示对候选人名单的反对或弃权，不动笔才表示完全赞同。后来，这种办法也被淘汰。

再是由"票决"变成"机决"，即把手工填写选票变成用表决器表态。电子表决器是从六届全国人大常委会第十五次会议开始进入人民大会堂的，迄今已经成为两会上司空见惯的事物。由于电子表决器的使用，如今的全国人大代表可以更加方便地行使"人民赋予的权力"。

再是对电子表决器按钮的改进。原来的电子表决器系统启动，按下哪个按钮哪个灯就变暗，另外两个还在闪，这当然会令代表们顾虑重重。后来表决器做了改进——只要按下一个按钮，所有灯全灭。

电子表决器放置在每位人大代表的桌面上方，外型酷似电视遥控器，上有"签到""赞成""反对""弃权"四个按键及对应的四个指示灯，以及液晶显示屏。电子表决器采用无记名表决方式表决。当大会主持人宣布"请按表决键"时，液晶屏上显示"请表决"，三个表决指示灯同时闪烁，与会代表可以根据自己的意愿选按"赞成"（绿色键）、"反对"（红色键）、"弃权"（黄色键），按键后指示灯停止闪烁，液晶屏显示"已表决"表示计算机已接收表决信息。无线电子表决器按照代表的选择，准确快捷地在会场前方的两个大电子显示屏上显示出了表决结果。整个过程全部由电子系统自动操作，每一项表决事项，从表决开始到表决结果揭晓，只需一两分钟。与举手表决相比，电子表决器表决减少了计票流程，更简洁、高效，表决结果也更公正、更准确。

二、思政元素——制度自信

在全国人民代表大会上参会代表所使用的表决器，就是组合逻辑电路设计的典型应用。电子表决器的使用，实现了"科技进步一小步，民主前进一大步"。

透过表决器的运用，我们可以看到民主细节的不断完善，这个知识点所蕴含的思政元素就是制度自信。

三、教学方法

1. 情境导入法

通过观察人大代表现场投票使用的工具——表决器，告诉同学们表决器是组合逻辑电路的典型应用，引起同学们的好奇，表决器的工作原理是什么呢？引出具体教学内容。

2. 延伸式收尾法

表决器的运用，充分体现了人民当家作主的社会主义制度的优越性。当今世界正经历百年未有之大变局，实现中华民族伟大复兴正处于关键时期。踏上新的赶考之路，我们要坚定信心答好中华民族伟大复兴这道"必答题"。越是接近目标，越是形势复杂，越是任务艰巨，越要发挥中国共产党领导的政治优势和中国特色社会主义的制度优势，把各方面智慧和力量凝聚起来，形成海内外中华儿女心往一处想、劲往一处使的强大合力。历史和现实都告诉我们，只要坚定"四个自信",坚持集中力量办大事的制度优势,就一定能够使全党全国各族人民紧密团结起来,发挥出攻坚克难、推动事业发展的强大能量;只要坚持和完善中国特色社会主义制度、推进国家治理体系和治理能力现代化,善于运用制度力量应对风险挑战冲击,我们就一定能够经受住一次次压力测试,不断化危为机、阔步前行。

四、适用范围

1. 案例适用的专业

本案例适用于自动化、电气工程、电子科学与技术、计算机科学与技术、电子信息工程、通信工程等专业。

2. 案例适用的课程

本案例适用于数字电子技术、电工电子技术、计算机文化基础、数字逻辑电路分析设计等课程。

案例 20
日本集成电路行业的前车之鉴——我辈当自强

一、案例

1985 年美国半导体产业协会开始向美国商务部投诉日本半导体产业不正当竞争，要求总统根据 301 贸易条款解决市场准入和不正当竞争的问题。美国向负责谈判的通产省开出极其苛刻的条件：日本被要求开放半导体市场，保证 5 年内外国公司获得 20% 市场份额；不久，对日本出口的 3 亿美元芯片征收 100% 惩罚性关税；否决富士通收购仙童半导体公司。美宣称如果日本不答应，将对日本进行制裁，1986 年，在军事上严重依赖美国的日本只能被迫接受了美国的提议；1987 年美国开始对日本半导体产业的核心企业东芝进行制裁和打压，借助"日本东芝偷卖苏联数控机床"的把柄，美日双方达成协议：共同开发 FSX 战斗机，美国有权得到所有技术，美国借此打开了获得日本技术的渠道。1989 年美国再次和日本签订了不平等条约《日美半导体保障协定》，开放日本半导体产业的知识产权、专利。1991 年又再次强迫日本签订了第二次半导体协议。另外，美国在媒体上大肆宣扬"日本威胁论"，宣称日本企业在这一领域的全面领先，将严重威胁美国国家安全，为自己发动芯片战争寻找理由。随着《美日半导体协议》的签署，处于浪潮之巅的日本半导体芯片产业掉头滑向深渊。

二、思政元素——我辈当自强

只有国家主权的独立，才能保证经济和技术的独立发展。中美贸易摩擦无异于最好的清醒剂,我们必须清醒地认识到中国在科技创新、高端制造、金融服务、大学教育、军事实力等领域与美国的巨大差距;必须清醒地认识到中美关系从合作共赢走向竞争合作甚至战略遏制;必须坚定不移地推动新一轮改革开放,保持战略定力。

三、教学方法

1. 问题导入法

美国总统拜登 2022 年在白宫签署《芯片和科学法案》。该法案对美本土芯片产业提供巨额补贴,并要求任何接受美方补贴的公司必须在美国本土制造芯片。在《芯片和科学法案》签署后,白宫发布的新闻稿标题中就提到,这个法案是为了"对付中国"。近年来,美国在出口政策、投资限制、技术和交易限制等方面持续打压中国,2020 年修订"外国直接产品规则"限制华为公司;2021 年利用"实体清单""芯片禁令"等手段不断对中国企业进行单方面制裁。

2. 案例分析法

20 世纪 80 年代前五年是日本半导体芯片企业的光辉时刻,第一次在市场占有率方面超越美国,成为全球最大半导体生产国,硅谷的英特尔、AMD 等科技创业公司在半导体存储领域,被日本企业碾压,半导体芯片领域(当时主要是半导体存储占据主流)成为日本企业后花园。截至 1989 年,日本芯片在全球的市场占有率达 53%,美国仅 37%,欧洲占 12%,韩国 1%,其他地区 1%。Rick Wallace 的数据则表示,1988 年的全球半导体十强名单中,有六个来自日本。美国的只有德州仪器、英特尔和摩托罗拉入选,剩下的一家则是来自荷兰的飞利浦半导体。

日本人取得的辉煌让美国人十分震惊。1982 年,美国对三菱和日立进行了制裁打压:FBI 假扮 IBM 员工,故意把 IBM 公司的 27 卷绝密设计资料中的 10 卷发给了日立公司高级工程师林贤治。林贤治很快上当,表示还想要换取更多资料,FBI 马上拿到证据并公之于众,称"日本企业窃取美国技术"。

这次钓鱼执法极为成功,日立和三菱被美国法律整得元气大伤,但是日本的半导体产业还是处于高速发展之中。1985 年,美国逼迫日本签订了《广场协议》，美国金融专家们不断地对美元进行口头干预，美元最低曾跌到 1 美元兑120 日元。在不到 3 年的时间里，美元对日元贬值了 50%，日本开始陷入泡沫经济。

与此同时，美国正式向日本发动了芯片战争，这是人类史册上第一次芯片战争，目的是搞垮日本的支柱产业，将日本经济彻底拖入泥沼，永无翻身可能。

3.总结

随着中国经济崛起、中美产业分工从互补走向竞争，以及中美在价值观、意识形态、国家治理方式上的差异愈发凸现。美方部分人士认为中国崛起挑战了美国的经济霸权，中国在高科技领域的成就挑战了美国在该领域的垄断地位，中国的"一带一路"倡议挑战了美国的地缘政治，中国的发展模式挑战了美国意识形态和西方文明。中美以上认知差异将影响到集成电路的发展和竞争。

四、适用范围

1.案例适用的专业

本案例适用于电子科学与技术、电气工程与自动化、电子信息工程、电子信息科学与技术等专业。

2.案例适用的课程

本案例适用于模拟集成电路分析与设计、模拟电子技术、数字电子技术等课程。

案例 21
集成电路行业需要什么样的人才——芯片报国

一、案例

集成电路按其流程不同，可以将集成电路从业人才简单分成工艺设计、芯片设计、芯片封装和芯片应用四类。举例让学生了解到课程学习内容在集成电路领域内所处的位置。

二、思政元素——芯片报国

从事芯片行业是报效国家。《中国集成电路产业人才白皮书》显示，2019年国内集成电路人才缺口接近30万，到2023年前后，全行业人才仍有超20万的缺口。另据《2021年第一季度"芯力量"市场供需报告》，国内集成电路/半导体行业在该年一季度招聘量比2020年和2019年同期分别增长65.3%和22.2%，这一态势还在进一步扩大。

三、教学方法

1. 问题导入法

受中美贸易战影响，国人终于认识到芯片产业的重要性。事实上，中国关注集成电路产业的发展已经很长时间，但是成效还不足以和发达国家并驾齐驱，究其原因主要是基础薄弱、资金投入有限，还有最重要的一点是缺人才。根据工业和信息化部软件与集成电路促进中心（CSIP）发布的《中国集成电路产业人才发展报告（2020—2021年）》，2020年，我国集成电路相关毕业生规模在

21 万人左右，到 2023 年前后，全行业人才需求达到 76.65 万人左右，其中人才缺口仍然有 20 万人。那么到底中国芯片产业缺的是什么样的人才呢？或者说芯片产业需要哪些人才？

2. 枚举法

从芯片产业链的整个上下游分析，芯片产业链上下游基本上分为芯片设计、制造、封测和应用四个环节，对应人才包括以下四类。

（1）芯片设计人才。芯片设计领域的人才需求多种多样，主要细分为以下几类。①EDA 软件研发人才。主流 EDA 软件都是国外的，包括 Cadence、Synopsys、Mentor Graphics 等国外公司的 EDA 产品。整体来说 EDA 软件的开发难度极高，这方面需要数学、物理、计算机等方面的理论研究型人才。②半导体器件模型开发人才。芯片制造领域的代工厂对这方面的人才有很多需求，这类人才对应的大学专业是微电子专业器件方向。③芯片系统和算法类人才。这类人才主要从事相关系统架构或者特定算法的研究工作，特别是传感器类、处理器类芯片产品和 AI 人工智能时代芯片产品的研究工作。这类人才对应的大学专业非常广泛，包括数学、物理电子、计算机、微电子、集成电路、电子工程、通信工程、自动化专业、光电信息等。④RTL 逻辑设计人才，也就是数字前端工程师。他们需要熟悉 verilog 语言，主要负责芯片逻辑功能的实现。大学里面各电子类相关专业人才都可以进入该工作岗位。⑤电路设计人才，这类人才主要是从事模拟电路类设计工作，包括模拟电路、射频电路、数模混合电路等，模拟电路的设计与数字电路的设计流程有很大差异，入门的要求较高，需要有扎实的电路和半导体相关理论基础。对应的人才来源同样是大学各电子类相关专业人才，包括微电子、集成电路、电子工程、通信工程、光电信息等。⑥数字验证人才。这类人才主要从事复杂数字芯片系统的验证工作，包括算法功能、性能的验证，SOC 系统功能及性能验证等，需要掌握 UVM 等各类验证方法学，工具多为脚本语言。人才来源同样为大学各电子类相关专业。⑦版图设计人才，分为模拟电路版图和数字电路后端版图设计，这两个工作岗位的差异比较大，二者的设计流程完全不同，采用的工具也不一样。

（2）芯片制造人才。芯片制造人才又可以细分为三大类：一是晶圆制造人才，二是半导体制造设备人才，三是晶圆加工工艺人才。根据晶圆的制造过程可知，晶圆制造人才主要从事化学和物理相关工作，故这类人才主要来自化学、物理、机械、微电子等相关专业。芯片制造过程中用到的各类关键设备基本被欧美及日本企业垄断，特别是光刻机等高端设备，虽然国产设备在一些技术含量相对较低的领域占有一定市场份额，但这方面的人才也非常短缺。

(3)芯片封测人才。中国的芯片封装测试水平相对具有一定优势，优秀企业较多，例如长电科技、通富微电、华天科技等。人力成本相对较低是国内封测的一大优势。经过长时间的发展，国内封装技术也有了一定的领先性。

(4)芯片应用人才。芯片设计制造完成以后要能真正应用在系统终端产品上才有意义，因此需要各类芯片应用工程师人才。其主要工作是芯片应用方案编制、电子系统设计、终端产品设计等。这类人才通常是指电子工程师、嵌入式工程师、系统应用工程师等，他们将芯片最终推向应用市场。

3.总结

我国集成电路行业人员缺口仍然较大，并且产业链上游的缺口巨大，尤其是高层次的基础研究型和行业领军型人才缺口大。尽管国内部分企业常态化地从海外引进部分高层次人才，但与产业发展的需求仍相去甚远。后摩尔时代，我国集成电路领域科技人才不足的问题将长期存在。引用中国工程院院士邓中翰的话作为总结："我国第一个百年奋斗目标已经实现并取得了丰硕的成果，为了实现下个百年奋斗目标，作为一名科技工作者，要坚持自立自强，面向世界科技前沿、面向经济主战场、面向国家重大需求、面向人民生命健康，加快集成电路产业科技创新，掌握全球科技竞争先机，实现中华民族伟大复兴的中国梦。"

四、适用范围

1.案例适用的专业

本案例适用于电子科学与技术、电气工程与自动化、电子信息工程、电子信息科学与技术等专业。

2.案例适用的课程

本案例适用于模拟集成电路分析与设计、模拟电子技术、数字电子技术等课程。

案例 22
第三代半导体的风口——增强民族自信

一、案例

目前，由于快充技术、车载电子的兴起，以及硅基芯片逐渐接近极限，业界开始逐渐重视第三代半导体的应用。让人惊喜的是中国在第三代半导体技术方面已与全球顶级技术居于同一水平。

二、思政元素——民族自信

我们要对中国半导体事业充满信心。从第一代半导体到如今的第三代半导体，中国在快速缩短与美国等半导体发达国家的差距，体现了中国在基础材料科学方面的巨大进步。中国技术研发的实力不断提高，此前几十年中国的科学研究主要偏向应用方面，如今中国有了足够的资金和实力，有能力在基础科学方面进行投入，甚至与全球达到同步，这是巨大的进步。

三、教学方法

1.问题导入法

第一代半导体为硅基芯片，这是当前的绝对主流，目前仍然占据半导体市场九成以上的份额。不过硅基芯片已逼近极限，芯片制造工艺已逼近 1 nm，制造工艺研发难度越来越大。此外，对于存储芯片等来说 10 nm 级别也已基本达到极限，否则其耐用性将成为问题。这都迫使全球半导体行业研发新的芯片材料。

业界将砷化镓（GaAs）和磷化铟（InP）等化合物定义为第二代半导体，这类半导体主要用于制造高性能毫米波器件、发光器件等材料。

第三代半导体以碳化硅（SiC）和氮化镓（GaN）等化合物为代表。第三代半导体材料是随着快充技术、新能源汽车发展起来的，小米、比亚迪等知名企业对这类半导体材料的应用研究较为突出。小米的氮化镓（GaN）充电器很好地发挥了氮化镓（GaN）的作用，比亚迪则在电池技术、快充技术方面广泛应用第三代半导体材料。

2. 分析法

在硅 MOSFET 中，栅极接触通过绝缘的二氧化硅层与导电通道分离。导电通道的载流子构成反型电荷，即在 P 型衬底（N 型器件）的电子或在 N 型衬底（P 型器件）的空穴，通过施加到栅电极的电压在硅绝缘体界面的半导体中诱导。在 N 通道 MOSFET 的情况下，电子在 N+源和漏极接触；P 通道 MOSFET 的情况下，电子在 P+接触处进出通道。

CMOS 快速发展的领域之一是模拟电路。CMOS 技术结合了 N 通道和 P 通道的 MOSFETs，从而提供了非常低的功耗和高速的性能。新的绝缘体上硅（SOI）技术可能有助于实现三维集成，即将器件封装成多层，并使集成密度显著增加。改进的器件结构与双极和场效应技术（BiCMOS）的结合可能会促成技术进步。

与硅材料相比，第三代半导体 SiC 材料具有以下优势：①SiC 的禁带宽度达 Si 材料的三倍，使得 SiC 器件的泄漏电流比硅器件少了几个数量级，因此 SiC 的高功率器件功率损耗较小；②SiC 的热导率约为 Si 材料的 3 倍，使得 SiC 器件更易散热，从而减少了电路系统对散热设备的依赖，减小了电路系统的体积，提高了 SiC 集成电路集成度；③SiC 的电子饱和漂移速度是 Si 的 2 倍，使得 SiC 高功率器件与 Si 器件相比具有更低的导通电阻，大大降低了功率器件的导通损耗；④SiC 的临界击穿电场是 Si 的 10 倍，使得 SiC 电力器件更耐压、耐电流，更适用于高压大功率等极端环境。

3.总结

在第一代半导体领域,受制于在产业链方面的劣势,中国在硅基芯片行业与全球先进水平存在较大差距。目前,中国后起而加紧追赶,在第三代半导体方面已形成自己完整的产业链。

中国已拥有自己的第三代半导体材料生产企业、加工企业,拥有完整的产业链,中国在第三代半导体应用方面更居于全球领先水平。中国的手机企业在快充技术方面居于领先地位,中国在新能源汽车行业也已居于全球领先地位,这些都与中国在第三代半导体领域拥有完整的产业链分不开。

业界预期在未来5年,全球的碳化硅(SiC)市场规模将猛增2倍多,氮化镓(GaN)市场规模更将增长20倍,中国依托自己完整的产业链有望在第三代半导体领域取得领先优势,甚至有望后来者居上,实现对美国的赶超。

四、适用范围

1.案例适用的专业

本案例适用于电子科学与技术、电气工程与自动化、电子信息工程、电子信息科学与技术等专业。

2.案例适用的课程

本案例适用于模拟集成电路分析与设计、模拟电子技术、数字电子技术等课程。

案例 23
版图设计技术——追求卓越的工匠精神

一、案例

版图设计的学习首先要求学生熟练掌握工具平台 LINUX，学习 Virtuoso 画图工具，熟悉一种典型的工艺(如 0.18 μm SMIC)，掌握集成电路前后端设计全流程。进一步的要求包括(以模拟版图设计为例)：要求了解各种模拟电路结构，深刻理解电路，设计好符合要求的版图。设计芯片要像打造工艺品一样，需要精心雕琢，用匠人之心进行设计，只有十年如一日去打磨自己的技术，才能成为一名出色的模拟版图匠人。

二、思政元素——工匠精神

中国企业在半导体制造材料、晶圆制造设备和器件制造工艺技术领域的某些环节取得了显著的进步。在硅片、电子特气、CMP 材料等一些半导体制造材料环节，中国企业已经能够支持成熟制程节点芯片制造。在沉积、刻蚀、离子注入、CMP、清洗等主要的半导体制造工艺中，中国设备商可以在部分工艺步骤中支持 28 nm，甚至 14 nm 制程节点制造。

三、教学方法

1. 问题导入法

对版图工程师的一项基本要求是熟悉 CMOS 工艺。在工艺讲解过程中，自然切入对集成电路产业链上下游行业企业及技术的介绍。

2. 分析法

版图的定义和作用。版图是芯片制造过程中的重要环节，它描述了芯片的物理布局和电路连接，即指在掩膜制造产品上实现电路功能，且满足电路功耗、性能等，从版图上减少工艺制造对电路的偏差，提高芯片的精准性。集成电路掩膜版图是设计师实现集成电路制造所必不可少的设计环节，它不仅关系到集成电路的功能是否正确，而且也会在极大程度上影响集成电路的性能、成本与功耗。版图需要设计师具有电路系统原理与工艺制造方面的基本知识。

版图的设计工具：Cadence、Virtuoso、Dracula、Assura、Diva、Mentor 和 calibre 等。版图是电路图的反映，包括器件和互联。

版图的层次。以 TSMC 工艺的 NMOS 为例，包括以下层次：NIMP、N+注入 DIFF、有源区 Poly、栅 M1、金属 CONT 以及过孔等。

版图的设计规则有最小宽度、最小间距、最小覆盖等，需要模拟电路版图的特点，关注的是电路性能、匹配、速度等。没有 EDA 软件能全自动实现版图设计，需要手工处理。把器件围绕一个公共点中心放置被称为共心布置，把器件在一条直线上对称放置也可以看作是共心技术寄生效应。版图设计和集成电路工艺息息相关，了解集成电路工艺有助于设计高性能的版图。

3. 总结

在半导体前段工序中，日本企业在涉及液体、流体、粉末等不具具体形状的设备和材料方面，拥有较高的市场占有率。日本企业的竞争力源于日本技术人员认真、诚实的制造态度等精神，这方面也是目前我们科研工作者需要学习的，要以厚积薄发、广种薄收的态度从事集成电路行业的研究工作。

四、适用范围

1. 案例适用的专业

本案例适用于电子科学与技术、电气工程与自动化、电子信息工程、电子信息科学与技术等专业。

2. 案例适用的课程

本案例适用于模拟集成电路分析与设计、模拟电子技术、数字电子技术等课程。

案例 24
EDA 软件和集成电路设计——弯道超车的勇气

一、案例

介绍目前国际流行的模拟集成电路设计过程。要求学生熟练掌握工具平台 LINUX，学习美国 Cadence 软件平台及 Virtuoso 等画图工具。本案例从指导学生学习华大九天 EDA 软件平台开始认识国产软件设计平台。

二、思政元素——弯道超车的勇气

利用 EDA 软件工具，集成电路设计工程师可以从概念开始设计电子系统，并可以将电子产品从电路设计、性能分析到设计出集成电路版图的整个过程，在计算机上自动处理完成。EDA 软件是贯穿整个集成电路产业链的战略基础支柱之一。当下 EDA 行业市场集中度较高，被国际三大 EDA 巨头（Synopsys、Cadence、Mentor Graphics）垄断近八成。其中，Cadence 主攻模拟、数模混合平台、数字后端和 DDR4 IP，具有布局配套的全流程工具。Cadence 的 EDA 产品线十分丰富，已经覆盖芯片设计所有环节。国产 EDA 发展起步较晚，但未来可期。华大九天的是国产 EDA 的龙头。目前华大九天在全定制模拟电路设计、数字前后端领域已经有较为完善的产品和技术积累。华大九天宗旨是为我国集成电路产业持续健康发展提供支撑和保障，致力于成为全球顶尖的 EDA 供应商。

三、教学方法

1. 问题导入法

EDA 是一种工业软件，它的全称为 electronic design automation（电子设计自动化），主要用来进行集成电路设计。半导体芯片是 5G 产业发展的基石，华为被美国制裁后，迅速调整了供应链策略，大部分美系供应商被排除在名单之外，同时大力扶持国内供应链，给予国内企业充分的成长机会。纵观集成电路全产业链，EDA 位于芯片产业链顶端，地位重要，行业壁垒高。

2. 分析法

华大九天的 Aether-SE 是一个全功能的原理图和符号编辑器。这个工具支持很多高级功能，如实时 ERC 运行、内部电路的连接等。此外，Aether-SE 支持导入和导出标准格式，如 EDIF、CDL、HSPICE 和 Specture 等。Aether-SE 是一个功能齐全的布局编辑器，提供了轻松创建编辑矩形、矩形、多边形、路径、总线、圆、弧等形状的能力。它支持参数化的单元格，如 Pycell，允许用户轻松、快速地创建和修改设备布局。该系统支持实时 DRC 等高级功能。集成的寄生电阻和电容提取引擎允许用户提取点对点、引脚至引脚的参数。Aether 内部经过 Argus 硅验证的物理验证工具，其他第三方物理验证工具也可以无缝集成；MDE 无缝集成了 Aeolus SPICE 模拟器和 iWave 波形显示器。它允许用户轻松地设置布局前和布局后的模拟环境和仿真控制，通过 iWave 检查仿真结果，将电压和电流返回注释到原理图中，并在原理图之间进行交叉探测和波形查看。MDE 的设计特点是易于使用，能够显著改进设计师的生产力。如果需要，还可以集成第三方模拟器与 MDE。

3. 总结

在 EDA 领域，外资厂商三家独大。根据 ESD Alliance 数据显示，其中 2019 年全球 EDA 软件市场规模在 105 亿美元；全球大部分 EDA 软件市场被美国三大企业占领，2018 年 Synopsys 占据 32.1% 的市场份额，Cadence、西门子旗下 Mentor Graphics 占据的市场份额分别为 22%、10%。三大 EDA 软件厂商全球市场份额超过 64%，在中国的市场份额超过 95%。目前国内 EDA 软件公司主要有华大九天、芯愿景、国微集团、芯禾科技、广立微电子、伯达维电子、蓝海微科技、概伦电子等。华大九天承载熊猫系统的技术，是目前国内规模最大、技术实力最强的 EDA 企业，能提供全流程 FPD 设计解决方案。芯愿景拥有 IC 分析服务、IC 设计服务及 EDA 软件授权三大业务板块。与国际三大巨头相比，国产 EDA 企业还有一定差距。

中芯国际 14 nm 已经量产，现在 12 nm 和 7 nm 工艺正在开发中，国内 EDA 厂商可以与代工厂合作开发工艺包、开发软件进行更新迭代。

华大九天给出了清晰的发展目标，总共用十年时间（2021—2030 年）成长为全球领先的 EDA 服务商；到 2025 年完成 IC 设计所需全流程工具系统的建设，以及完成晶圆制造 EDA 核心工具的开发；到 2030 年全面实现 IC 设计和制造各领域的 EDA 工具全流程覆盖。

四、适用范围

1. 案例适用的专业

本案例适用于电子科学与技术、电气工程与自动化、电子信息工程、电子信息科学与技术等专业。

2. 案例适用的课程

本案例适用于模拟集成电路分析与设计、模拟电子技术、数字电子技术等课程。

案例 25
高速高精度 ADC 电路设计——自己掌握命运

一、案例

ADC 是模数混合 IC，是连接模拟和数字世界的桥梁，具有很高的技术含量。特别是超高速（采样频率≥100 Msps）ADC 芯片，是未来光通信、测试测量仪器设备，以及数字雷达等应用领域的核心器件，具有广阔的应用和发展空间。

二、思政元素——自己掌握命运

ADC 是集成电路领域"卡脖子"技术之一。2019 年底，《瓦森纳协定》完成了一次对中国大陆半导体发展影响巨大的修订。从美国管控的 ADC 芯片指标中，我们也可以看出高速高精度 ADC 目前有着相当高的技术壁垒。虽然这些高速 ADC 芯片每年出货量不到 10%，但却创造了接近 50% 的行业销售额。随着 5G、汽车电子、人工智能、物联网等技术的持续发展，全球 ADC 芯片市场将大幅增长。此外，ADC 在军事（如反导相控雷达）设备中处于核心地位，属于关键模块。

三、教学方法

1. 问题导入法

在 ADC 产品方面，国际上的先进企业主要包括，EUVIS，其在 2010 年研发出了 8 Gsps、12 bit 的产品；NTT 公司则于 2011 年推出了 60 Gsps、6 bit 的产品；Ciena 公司在 2011 年研制出了 56 Gsps、6 bit 的产品；日本富士通公司也在 2011 年推出了 65 Gsps、8 bit 的产品；而行业老大 ADI 公司，在 2017 年开发出了一款 AD9172，采用 28 nm 制程工艺，精度很高，达到 12 Gsps、16 bit。国内整体水平与国际先进企业有着 2~3 代的差距，走在前沿的企事业单位主要包括中国科学院半导体所、昆腾微电子、中国科学院微电子所及复旦大学等。

2. 分析法

随着全球经济迅速走向数字化，各行各业对 ADC 芯片的需求猛增。作为数字时代的底层支撑，ADC 芯片半导体在国际竞争的背景下越来越具有战略性质。新冠疫情加速了全球数字化进程，同时加剧了供应链领域的安全化倾向，使得全球主要大国在 ADC 芯片半导体领域展开了一场安全竞赛。经济与政治交互影响，世界百年未有之大变局加速演进，对于中国来说，既是机遇也是挑战。挑战主要表现在两个方面。

其一，技术挑战。目前我国半导体产品主要集中在半导体材料、晶圆制造和封装测试等中低端领域，半导体产能主要集中在 28 nm 以上的成熟制程。技术水平差异导致我国需要大量进口中高端半导体产品，其中高端 ADC 几乎全部依赖进口。

其二，国际政治挑战。自美国将中国确立为主要的竞争对手之后，先是与中国大打贸易战，后是与中国进行"精准脱钩"，发动科技冷战，全球半导体供应链面临霸权国家以意识形态划线、人为割裂的可能。美国政府力图将美国半导体企业迁至美国本土、日本及韩国等控制力所及的地区，即使在新冠疫情冲击之下，全球芯片短缺之时，拜登政府仍然拒绝了英特尔公司在中国扩大生产的计划，以避免中国大陆获得先进制程的能力。不仅如此，美国还加大了对华为等中资企业的制裁力度，打压中国高科技企业发展，以防止中国对美国主导的互联网架构形成威胁。

3. 总结

在地缘政治的双重冲击下，全球 ADC 芯片产业必然会迎来结构性调整，这是中国优化产业结构、提升价值链的重要机遇。

第一，美国对中国的打压使自由市场的神话破灭，打破了国人心中"造不如买、买不如租"的幻想，进一步坚定了中国自主掌握尖端科技的决心和步伐。

第二，美国的"芯片禁令"，客观上为中国企业提供了极为宝贵的国内市场资源。以化学机械抛光设备为例，2017 年美国应用材料、日本荏原占据了98.1%的国内市场，而今中电科电子装备集团制造的 8 英寸抛光设备已经夺回了 70%的国内市场。

第三，政府投入的增加保障我国 ADC 芯片产业高速发展。2014 年国家集成电路产业投资基金成立，首期募集资金超过 1387 亿元，其中集成电路制造占比 67%。

四、适用范围

1.案例适用的专业

本案例适用于电子科学与技术、电气工程与自动化、电子信息工程、电子信息科学与技术等专业。

2.案例适用的课程

本案例适用于模拟集成电路分析与设计、模拟电子技术、数字电子技术等课程。

案例 26
模拟集成电路和人工智能——抓住发展机遇

一、案例

　　未来驱动人工智能的一些最佳电路可能是模拟集成电路，而不是数字电路，世界各地的研究团队正在越来越多地开发支持此类模拟人工智能的新设备。

二、思政元素——抓住发展机遇

　　模拟集成电路在仿生领域的发展，也许是我们弯道超车的机会。神经形态芯片的研发正成为模拟集成电路研究的前沿和热点之一。英特尔和 IBM 等公司一直在开发类脑芯片，国内外很多大学也在开发自己的模拟电路版本。英特尔和其他公司已经提高了对神经形态芯片和传统人工智能之间差异的认识。以脑机接口领域为例，我国正在做有组织的科研，成果和产业发展处于全球第一梯队，在脑电信号翻译和模拟、安全性等方面有突出的科研成果。

三、教学方法

1.问题导入法

　　传统的数字计算机虽然功能强大，但它们似乎已经达到了极限。每当数字电路开关时，它们都会消耗能量。在一个芯片上以千兆赫速度开关数十亿个晶体管，会产生大量的热量，我们必须在温度上升至可能会对设备造成损害前消除这些热量。

与数字计算相比，模拟计算的速度和功效值一直很有前景。从历史上看，开发模拟系统存在许多障碍，包括模拟处理器的尺寸和成本。最近的方法表明，一种被称为内存内模拟计算（CIM）的组合方法可以消除这些障碍，该方法将模拟计算与闪存等非易失性存储器（NVM）配对使用。

2. 分析法

现代计算机有专门用于乘法累加（MAC）操作的数字元件，但从理论上讲，模拟电路可以用更少的能量进行这些计算。这种被称为模拟 AI、内存中计算或内存中处理的策略通常使用非易失性存储器设备，如闪存、磁阻 RAM（MRAM）、电阻 RAM（RRAM）、相变存储器（PCM）等，来执行这些乘法累加操作。

《自然·电子学》杂志介绍了一个 1Mb 的忆阻 nvCIM 处理器，该处理器将定制控制和读出电路完全集成在一块芯片上。该方法集成了单晶体管、单电阻（one-transistor, one-resistor, 1T1R）随机存取存储阵列和 65 nm 制程 CMOS 工艺的控制和读出电路。研究人员使用该 nvCIM 处理器演示了 2 个输入、3 个加权神经网络。该处理器可使用 2 个或 3 个输入及 MAC 运算执行可重构逻辑运算。它在执行三输入布尔逻辑运算时的访问时间仅 4.9 ns，执行 MAC 运算时的访问时间则为 14.8 ns，这一结果清楚地说明了该方法提供高速运算以加速 DNN 的潜力。

3. 总结

总而言之，模拟计算是人工智能处理可以采用的理想方法，因为它功耗更低，尺寸更小，同时延迟也更短。模拟计算技术的高功效可以帮助产品设计人员在未来几年解锁新的人工智能应用，甚至应用于小型边缘设备中。我们可以充分利用"人工智能+"的效应，在模拟集成电路设计方向实现颠覆式创新和突破。

四、适用范围

1. 案例适用的专业

本案例适用于电子科学与技术、电气工程与自动化、电子信息工程、电子信息科学与技术等专业。

2. 案例适用的课程

本案例适用于模拟集成电路分析与设计、模拟电子技术、数字电子技术等课程。

案例 27
短沟道效应和器件模型——未雨绸缪促发展

一、案例

高性能器件的发展，尺寸的持续微缩是必然趋势。然而，随着器件小型化至纳米尺度，晶体管开始出现迁移率降低、漏电流增大、功耗增加等严重的短沟道效应，这使得传统平行晶体管的微缩方法逼近物理极限。

二、思政元素——未雨绸缪促发展

加强基础研究是我们解决集成电路发展问题的唯一途径。2020 年 12 月 18 日，美国商务部官网发布消息，正式将中国芯片代工厂中芯国际（SMIC）列入实体清单（Entity List），限制其对美国技术和设备的使用。中芯国际进入实体清单说明一个道理：完全基于美系设备的 7 nm 现实意义远小于基于国产设备的 55 nm，晶圆代工厂并不是半导体的最底层技术，而是设备、材料、工艺的集成商。

在先进制造工艺方面，我国台湾地区在 2023 年以 68% 的全球产能份额处于领先地位，其次是美国（12%）、韩国（11%）和中国大陆地区（8%）。中国正在积极关注成熟工艺技术，和对先进设备的进口管制，同时也在加快先进工艺的研究进度。

三、教学方法

1. 问题导入法

几十年来，集成电路产业一直遵循摩尔定律高速发展，制程节点正在逐渐向 3 nm 演进。但是，受技术瓶颈和研制成本剧增等因素影响，摩尔定律正逼近极限。在后摩尔时代，谁将成为未来集成电路的技术方向呢？

2. 分析

技术和需求都是不断演进的，更高的集成度，更快的响应速度，更低的消耗功率，这些都是实实在在的需求。当年戈登·摩尔(Gordon E. Moore)预测，集成电路中的晶体管数量将会每两年翻一番(这也是广为人知的摩尔定律)。通过缩小晶体管，可以在硅晶片上集成更多的电路。沟道长度的减小可以实现更快的开关操作，因为电流从漏极流到源极需要的时间更少。半导体发展至今，无论是在结构还是在加工技术方面都进行了很多改进，半导体器件的规格在不断地缩小，芯片的集成度也在不断提升，工艺制程从 90 nm、65 nm、45 nm、32 nm、22 nm、14 nm、10 nm，到现在的 7 nm(对应的是 MOS 管栅长)，目前也有很多实验室在进行一些更小尺寸的研究。随着 MOS 管的尺寸不断变小，沟道的长度不断变小，出现了各种问题，如阈值电压效应、泄漏等。

对于长沟道器件，沟道四边的"边缘效应"几乎可以忽略不计。对于长沟道器件，电场线垂直于沟道的表面。这些电场由栅极电压和背栅极电压控制。但是，对于短沟道器件，漏极和源极结构更靠近沟道，特别是当沟道中的纵向电场进入时。纵向电场由漏源电压控制，纵向电场平行于电流流动方向。如果沟道长度不大于源极和漏极耗尽宽度的总和，则该器件称为短沟道器件。短沟道中的二维电势分布和高电场，会产生各种不良影响。这里列出两种典型的短沟道效应(SCE)：载流子速度和迁移率降低。沟道中的电子漂移速度与较低电场值的电场成比例。这些漂移速度往往会在高电场饱和，称为速度饱和度。对于短沟道器件，纵向电场通常也会增加。在这样的高电场下，会发生影响 MOSFET 的 I-V 特性的速度饱和。对于相同的栅极电压，MOSFET 的饱和模式在较低的漏源电压值和饱和电流降低的情况下实现。由于较高的垂直电场，沟道的载流子离开氧化物界面,这导致载流子迁移率的降低和漏极电流的降低。

如何应对短沟道效应?如果沟道长度与耗尽区相比较小,则短沟道效应变得不可容忍,这限制了栅极长度的进一步减小。为了限制这些效应,耗尽区宽度应该随着沟道长度的减小而减小,这可以通过增加沟道掺杂浓度或增加栅极电容来实现。

栅极电容决定了栅极对沟道的控制。可以通过缩小栅极氧化物厚度的方式来增加栅极电容。具有较薄栅极氧化物的器件具有减小的耗尽宽度,因此改善了 SCE 特性。对于过去 25 年英特尔的制程节点来说,为了限制 SCE,氧化物已经大致与沟道长度成比例。

从材料科学的角度看,传统硅基材料在尺寸微缩极限下遇到的关键挑战,是造成集成电路工艺复杂性和系统设计难度显著提升的重要因素。首先,随着晶体管集成度的提高,处于晶体管结构中的沟道半导体材料(如硅、锗等)厚度减小到了 10 nm 数量级,仅有几十个原子大小。在这种情况下,量子限域效应会导致传统半导体材料的电学性能显著衰退,当达到 1~2 nm 的极限尺寸时,硅、锗等传统半导体材料的迁移率都会接近 0,成为不导电的绝缘体,无法实现晶体管的基本功能。其次,传统晶体管半导体器件的主要结构是异质结构。晶体管中涉及的材料很多,包括半导体材料、氧化物材料、金属材料。一般地,采用外延生长工艺将两种材料连接起来构成异质结构。然而在两种材料连接的界面处,由于原子的大小和结合方式不一样,会产生很多没有成键的电荷散射中心。随着尺寸减小,这些电荷散射中心的不良影响会显著增加,晶体管中电荷传输效率低,需要更大的工作电压驱动,导致器件功耗无法降低。

3. 总结

如何克服尺寸微缩极限下传统半导体材料性能衰退和异质结器件功耗大的瓶颈问题,是延续后摩尔定律需要解决的主要问题之一。从目前的发展情况看,在未来的一段时间内,通过研发更高精度的工艺制造技术、更加优化的器件与系统架构的硅基集成电路,仍然是主导全球集成电路发展的关键技术路线。但是,未雨绸缪,瞄准下一代工艺技术节点,研究可以弥补硅基技术路线中传统半导体材料性能的短板,研制新型关键半导体材料将是未来重要的技术路线之一。

为此,美、日、韩等国家和欧盟地区在未来技术路线中均把研发新型关键半导体材料作为重要的发展方向之一。我国也在聚焦高端芯片、集成电路装备和工艺技术、集成电路关键材料等关键核心技术的研发。

四、适用范围

1. 案例适用的专业

本案例适用于电子科学与技术、电气工程与自动化、电子信息工程、电子信息科学与技术等专业。

2. 案例适用的课程

本案例适用于模拟集成电路分析与设计、模拟电子技术、数字电子技术等课程。

案例 28
集成电路行业挑战和机遇——在国际竞争中胜出

一、案例

作为一个极端重要的产业，集成电路产业链创新和赶超过程包括复杂的技术领先、市场和产业领先，具体包括从软件、设备到材料领域，以及设计、制造和封测等各个环节的综合实力。

二、思政元素——在国际竞争中胜出

2020年12月18日，美国商务部官网发布消息，正式将中国芯片代工厂中芯国际（SMIC）列入实体清单（Entity List），限制其对美国技术和设备的使用。在技术、装备市场占有均不占优的情况下，我国在国际集成电路行业竞争中如何胜出，是摆在我们面前的一项艰巨任务。我们要改变单纯的"国产替代"的思路，在关键路径上创新，重构系统，重新定义芯片。

三、教学方法

1. 问题导入法

2022年10月7日，美国商务部工业与安全局（BIS）公布了《对向中国出口的先进计算和半导体制造物项实施新的出口管制》，这是自2018年以来，美国对中国半导体产业制裁的再次升级。我们发展集成电路的机遇在哪里呢？

2. 文献检索分析

硅基集成电路作为现代电子工业发展的主阵地，在进入后摩尔时代后面临着功耗激增和成本上涨的巨大挑战。发展新材料，探索与硅基技术兼容的新材料、新结构器件集成制造技术，是未来集成电路的重要发展趋势，也是后摩尔时代集成电路发展的主要技术路线之一。

在当前信息技术发展处于寻求变革性材料的关键节点上，世界各主要创新型国家均在加大对未来集成电路新关键半导体材料的投入，争夺核心技术知识产权。二维材料具有独特的结构与性能优势，以及三维堆垛集成优势。与硅基融合发展的二维材料及其范德华异质结电子学器件将是后摩尔时代集成电路重要的发展方向。

纵观集成电路的发展历程，在过去的二十年时间里，应变硅材料与技术、浸没式曝光技术、High-k 材料与技术、SOI 技术，以及 FinFET 技术等新材料与新技术不断涌现，推动了集成电路的跨越式发展。然而，我们也要清醒地认识到，这些技术突破都经历了漫长的研发周期，需要大量人力、装备和资金的投入。因此，二维材料及其范德华异质结电子学器件的研究与发展也必将是一个长远和系统的过程，其涉及信息、物理、材料、化学、机械、自动化等多学科交叉的前沿领域。我们需要建立和完善二维材料与范德华异质结基础理论体系，发展二维范德华电子学器件构筑与互联技术，研制先进原位表征与集成装置，推动未来集成电路产业变革性发展。

3. 总结

"一代材料，一代技术，一代装备，一代产业。"谁能率先突破、拔得头筹，谁就能在新一轮国际竞争中占据有利地位，成为引领未来的科技与产业革命的主导者。我国应当抓紧信息技术变革的重要战略机遇期，加速推进关键材料技术实现从"0"到"1"的重要突破。

四、适用范围

1. 案例适用的专业

本案例适用于电子科学与技术、电气工程与自动化、电子信息工程、电子信息科学与技术等专业。

2. 案例适用的课程

本案例适用于模拟集成电路分析与设计、模拟电子技术、数字电子技术等课程。

案例 29
量子物理的应用——民族自豪感和爱国情怀

一、案例

对于纳米级的芯片制造来讲，量子力学的波理论是半导体物理学理论的基础。量子物理不仅有着理论上的意义，在生产生活、国防安全方面，量子物理也发挥了重要作用。

二、思政元素——民族自豪感和爱国情怀

（1）信息安全与量子卫星。

一直以来，在很多外国人和部分国人眼中，中国就是"世界工厂"，低端制造业非常发达，但在科技前沿领域，屡屡遭遇"卡脖子"。2016年，中国成功发射了世界上第一颗量子卫星"墨子号"，让很多国人振奋不已。量子卫星可实现千公里级量子密钥分发、千公里级星地双向量子纠缠分发以及千公里级地星量子隐形传态，有助于中国在量子通信技术实用化整体水平上保持和扩大国际领先地位，实现国家信息安全和信息技术水平的跨越式提升，有望推动我国科学家在量子科学前沿领域取得重大突破，对于推动我国空间科学卫星系列可持续发展具有重大意义。目前，中国在信息安全和量子卫星领域走在世界的最前列，中国人在科学最前沿取得了如此巨大的成果，极大地激发了我们的民族自豪感和爱国情怀。

（2）量子计算机与量子芯片。

2020年，中国科学技术大学与中国科学院上海微系统所、国家并行计算机工程技术研究中心合作自主研发的光量子计算机"九章"对经典数学算法高斯

玻色取样的计算速度，比世界最快的超算"富岳"快 100 万亿倍，推动全球量子计算前沿研究达到一个新高度，其超强算力在图论、机器学习、量子化学等领域具有潜在应用价值。量子芯片进行的是量子计算，优势在于可对大量初值进行量子态叠加，加强了计算效率。在量子计算芯片方面，目前中国已领先其他国家三四年。量子芯片的成功研制，给中国的芯片和集成电路领域开辟了一个新的思路，也许这就是我们打破硅基芯片的国际专利封锁、实现弯道超车的一个很好的机遇。作为中国人，我们为之感到自豪和骄傲。

三、教学方法

1. 问题导入法

牛顿运动定律的经典物理可以极为精确地算出行星和人造卫星等宏观物体的规律，但却与电子和高频电磁波的许多实验结果相矛盾。进入微观领域之后，利用量子力学规则可以对电子和高频电磁波的运动规律进行准确地计算。对于纳米级的芯片制造来讲，量子力学的波理论是半导体物理学理论的基础。

2. 观看视频或图片，小组讨论法

观看"墨子号"量子卫星的发射视频和量子计算机"九章"的图片。

在课堂上分组讨论，请同学们谈谈对量子物理的理解，并回答以下问题：量子物理与半导体物理有什么联系？量子在信息安全上有什么重要作用？中国在量子应用上还有哪些成果？目前中国的量子物理和量子应用在世界上处于什么地位？

3. 总结

量子物理的十大应用：

（1）陌生的量子，不陌生的晶体管。

美国《探索》杂志在线版给出的真实世界中量子力学的一大应用，就是人们早已不陌生的晶体管。晶体管的优势在于它能够同时扮演电子信号放大器和转换器的角色，这几乎是所有现代电子设备最基本的功能需求。晶体管的出现，首先必须要感谢的就是量子力学。正是基于量子力学基础研究领域获得的突

破，1930 年发现了半导体的性质。此后，贝尔实验室的科学家制作和改良了世界首枚晶体管。今天，在英特尔和 AMD 的尖端芯片上，已经能够摆放数十亿个微处理器，而这一切都归功于量子力学。

（2）量子干涉"搞定"能量回收。

在发动机点燃燃料以产生推动车身前进的驱动力的同时，相当一部分能量以热量的形式浪费在空气中。研究人员利用量子干涉研制了一种分子温差电材料，能够有效地将热量转化为电能。如果用这种材料将汽车的排气系统包裹起来，车辆将因此获得足以点亮 200 只 100 W 灯泡的电能。

（3）不确定的量子，极其确定的时钟。

普通人一般不会介意自己的手表快了半分钟，或是慢了十几秒，但是，对于气象天文台，则需要依靠原子钟来保持时间的精确无误。其中，最强悍的是铯原子钟，它能够在 2000 万年之后，依然保持误差不超过 1 秒。对于这些极度精准的原子钟来说，最大的敌人是量子噪声，可以通过调整铯原子的能量层级来抑制量子噪声。

（4）量子密码之战无不胜。

古斯巴达人使用一种被称作密码棒的东西来为机密信息加密和解密。如今，量子密码学已使用基于量子纠缠效应和单光子偏振态的全新信息传输方式。量子密码的安全之处在于，当有人闯入传输网络，光子束会出现紊乱，每个结点的探测器就会指出错误等级的增加，从而发出受袭警报，发送与接收双方会随机选取键值的子集进行比较，全部匹配才认为没有人窃听。黑客无法闯入一个量子系统而不留下干扰痕迹，因为仅仅尝试解码这一举动，就会导致量子密码系统改变自己的状态。即便有黑客成功拦截获得了一组密码信息的解码钥匙，那他在完成这一举动的同一时刻，也导致了密钥的变化。当合法的信息接收者检查密钥时，能够轻易发现端倪，进而生成新的密钥。

（5）随机数发生器：上帝的"量子骰子"。

真正的随机性只存在于量子层级。在量子世界，所有的一切都是无法绝对预测的。借助这一不可预知性，制作出了"量子骰子"，以获得可以用于信息加密、天气预演等工作的真正随机数字。这种骰子被安装在固态芯片上，能够满足多种不同的使用需求。

（6）激光器的原理。

激光器的原理，是先冲击围绕原子旋转的电子，令其在重回低能量级别时迸发出光子。这些光子随后又会引发周围的原子发生同样的变化，发射出光子。最终，在激光器的引导下，这些光子形成稳定的集中束流，即我们所看到的激光。激光器工作的原理，实际上就是激发一个特定量子散发能量。

（7）专门挑战极端的超精密温度计。

借助于量子隧道效应所制作的超精密温度计不仅能在极端环境中保持坚挺，还能够提供无比精确的数值。使用量子温度计去测量粒子在量子隧穿时的噪声，便能够精确地得出实验物体的温度。

（8）人人都爱量子计算机。

相比传统计算机，量子计算机具有无可比拟的巨大优势：并行处理。借助并行处理的能力，量子计算机能够同时处理多重任务，而不是像传统计算机那样需要分出轻重缓急。量子计算机的这一特性，注定了它在未来将以指数级的速度超越传统计算机。

（9）想知道什么是真正的瞬时通信吗。

美国"好奇号"火星车登陆火星，传回的信号到达地球有十几分钟的延迟。要想使瞬时通信成为现实的关键，在于量子纠缠的量子力学现象，当其中一个粒子被测量或者观测到，另一个粒子也随之在瞬间发生相应的状态改变。利用量子纠缠，可以操纵其中一个粒子引起对应粒子的即时、相应变化，从而完成收发"宇宙邮件"的动作。

（10）远距离传输从科幻到现实。

远距离传输就是量子态隐形传输，即在量子世界里，量子呈现的"纠缠"运动状态。该状态的光子如同有"心电感应"，能使需要传输的量子态"超时空穿越"，在一个地方神秘消失，不需要任何载体的携带，又在另一个地方瞬间出现。在"超时空穿越"中，它传输的不再是经典信息，而是量子态携带的量子信息，这些量子信息是未来量子通信网络的组成要素，对于研制超密超快的量子计算机和量子通信具有重大意义。

四、适用范围

1. 案例适用的专业

本案例适用于自动化、电气工程、电子科学与技术、计算机科学与技术、电子信息工程、通信工程等专业。

2.案例适用的课程

本案例适用于半导体物理、量子物理、半导体器件基础、半导体物理与器件、半导体工艺学、大学物理、普通物理等课程。

案例 30
牛顿与胡克——学术规范化和谦虚包容的科学家精神

一、案例

关于光的本质,自古以来,科学家们进行了激烈的讨论,直到 20 世纪,才得到了"波粒二象性"的结论。而关于万有引力的争论,牛顿和胡克也进行了激烈的争论。

介绍牛顿与胡克对光的本质的争论和万有引力的争论,拓宽学生的专业视野,使学生了解到学术规范化和学术研究本身同等重要,培养学生谦虚包容的科学家精神。

二、思政元素——学术规范化和谦虚包容的科学家精神

①学术规范化和学术研究本身同等重要。在胡克、牛顿的年代,科学刚刚草创,学术规范尚未完善,经常出现优先权的争执。而现在学术界奉行的是谁先发表谁就有优先权,这在很大程度上避免了争执。

②谦虚包容的科学家精神。我们需要从牛顿的人生经历中获得宝贵的人生启迪,不断培养自己对自然界、人类社会和科学知识的兴趣,时常葆有好奇心和求知欲,做真理的崇尚者、信奉者、传播者甚至是发现者。但是,金无足赤,人无完人,牛顿后期致力于神学和炼金术,其性格方面的缺陷,也给我们以警示。科学家必须具有包容精神,乐见不同的观点、观念、理论与学说,平和理性地进行科学交流、科学讨论与争鸣,虚心吸纳他人的研究成果,拓宽自己的

视野，提高自身的洞察力和判断力，使自己看到的客观存在更客观、更全面、更真实、更系统、更准确。人类对客观世界还知之甚少，科学家需具备谦虚谨慎、孜孜以求、不断探索的精神。

三、教学方法

1.问题导入法

艾萨克·牛顿，爵士，英国皇家学会会长，英国著名的物理学家、数学家，百科全书式的"全才"，著有《自然哲学的数学原理》和《光学》。胡克是17世纪英国最杰出的科学家之一。他在力学、光学、天文学等多方面都有重大成就，他所设计和发明的科学仪器在当时是无与伦比的，被誉为英国的"双眼和双手"。但由于与牛顿的争论，他去世后鲜为人知。

2.观看视频或图片，小组讨论法

观看关于胡克和牛顿的小视频，了解胡克和牛顿的贡献。

在课堂上分组讨论：请问同学们对胡克的了解有多少？除了高中物理课本上的胡克定律，胡克还有哪些贡献和成果？同学们对牛顿有什么认识？什么是科学家精神？什么是学术规范化？如何使学术规范化？学术规范化和学术研究哪个更重要？如何避免学术不端问题？

3.总结

（1）光的本质的争论。

1672年，胡克提出了光波是横波的概念。在光学研究中，胡克进行了大量光学实验，特别致力于光学仪器的创制。他制作发明了显微镜、望远镜等多种光学仪器。牛顿曾致力于颜色的现象和光的本质的研究，做了光的色散实验，提出了"牛顿环"，创立了光的"微粒说"，从一个侧面反映了光的运动性质。1704年，牛顿著成《光学》，系统阐述他在光学方面的研究成果，其中详述了光的粒子理论。因此，两人在光的本质上存在巨大的争论，胡克认为牛顿的部分研究成果，他具有优先发现权。另外，胡克对微粒说的部分内容质疑。

（2）万有引力的争议。

胡克于 1679 年曾写信给牛顿，认为天体的运动是由于引力的作用，而且引力与距离平方应成反比，因此，地球表面物体的轨道应该是椭圆，如果地球能穿透，物体将回到原处，而不是牛顿所说的，物体的轨迹是一条螺旋线，最终将绕到地心。牛顿对此没有复信，但是也接受了胡克的观点，后来在开普勒关于行星运动的第三定律基础上用数学方法导出了万有引力定律。1686 年，牛顿将载有万有引力定律的《自然哲学的数学原理》卷一的稿件送给英国皇家学会时，胡克希望牛顿在序言中能"提一下"他的劳动成果，但遭到牛顿的断然拒绝。这是后来胡克控告牛顿剽窃他的成果的来由。

最终，胡克在落寞中去世，在他死后不久，牛顿就当上了英国皇家学会的主席。随后，英国皇家学会中的胡克实验室和胡克图书馆被解散，胡克的所有研究成果、研究资料和实验器材或被分散或被销毁。没多久，这些属于胡克的东西就全都消失了。

由此可见学术规范性的重要性，如果胡克将他在光学和万有引力方面的研究成果更早地发表，或者利用其他方法将之公布于众，也许就能避免这些不必要的悲剧。

而牛顿，虽然任何溢美之词都不足以称赞他在学术上的巨大成就，但是，如果他能尽量避免自身性格上的缺陷，能更虚心平和、更客观全面对待胡克和胡克的学术成果，保持谦虚包容的科学家精神，那么无疑也会更具有人格魅力。

四、适用范围

1.案例适用的专业

本案例适用于自动化、电气工程、电子科学与技术、计算机科学与技术、电子信息工程、通信工程等专业。

2.案例适用的课程

本案例适用于半导体物理、量子物理、半导体器件基础、半导体物理与器件、半导体工艺学、大学物理、普通物理等课程。

案例 31
阿拉果的遗憾——积极大胆和坚持真理的科学家精神

一、案例

菲涅耳提出了光的横波理论，阿拉果用泊松亮斑实验证实了菲涅耳理论的正确性。介绍阿拉果在光的本质上的研究贡献，拓宽学生的专业视野，培养学生敢于冒险、积极大胆、勇于担当、坚持真理的精神。

二、思政元素——积极大胆和坚持真理的科学家精神

①积极大胆的科学家精神。回眸人类演进的历程，人类的好奇产生了冒险的冲动，人类的冒险点燃了文明的火炬。人与动物的区别，不仅仅在于有没有梦想，更重要的是创造和自觉，有冒险天性和超越自我的能力！但是，冒险不等于莽撞和失控，应注重科学性、规律性和创造性，倡导在科学思维上的积极大胆精神。

积极进取精神必定是乐观、自信和自强的，认真学习，艰苦奋斗，顽强拼搏，不放弃，不抛弃，不泄气。在成绩面前永不满足，不断前进，不断追求新的目标，这就是积极大胆的精神。

②坚持真理的科学家精神。有担当精神的研究者，还应当勇于坚持真理，随时修正错误。探索未知世界充满了不确定性，研究者应本着尊重事实、追求真理的精神，乐于清苦、甘于寂寞，坚持并发扬知识分子对现实应有的批判和超越精神，为推动社会发展和历史进步做出贡献。

中国的科学家们以坚持真理的态度和自立自强的勇气，践行"严谨求实、团结协作、拼搏奉献、勇攀高峰"的精神，为科技创新树立了典范，为加快建设社会主义强国、为实现中华民族伟大复兴的中国梦而努力奋斗。

三、教学方法

1. 问题导入法

阿拉果，法国物理学家。1820 年以前，阿拉果和菲涅耳共同研究偏振光的干涉，重振光的波动说。1820 年后，阿拉果转向电磁学研究，以研究旋转铜盘对磁针的效应而获得了 1825 年的科普利奖。1830 年，阿拉果出任天文台台长，并继傅里叶之后担任科学院终身秘书。他一生都执着于科学研究直到逝世，一直都在指导实验并推动科学进步。

2. 观看视频或图片，小组讨论法

观看关于光的本质的讨论视频。

在课堂上分组讨论：光的本质是什么？是波，还是粒子？同学们知道哪些关于光的实验？如果同学们在做科研和学习的过程中，有不同的见解，该如何抉择？如果有确切的证据证明自己的见解是正确的，是坚持真理，还是畏缩不前、质疑自己？

3. 总结

(1)《关于偏振光线的相互作用》和波动说。

菲涅耳关于光是横波的思想，最初是来源于托马斯·杨写给阿拉果的一封信。对于相互垂直的两束偏振光线的相干性的研究，是由阿拉果和菲涅耳共同提出的，两人的工作明确了来自同一光源但偏振面相互垂直的两支光束，不能发生干涉。在双折射和偏振现象上，在两人共同完成了《关于偏振光线的相互作用》这篇论文后，菲涅耳指出只有假设光是一种横波，才能完满地解释这些现象，并给出了推导。然而阿拉果对此抱有怀疑态度，认为菲涅耳走得太远了。他坦率地向菲涅耳表示，自己没有勇气发表这个观点，并拒绝在这部分论文后面署上自己的名字。于是菲涅耳以自己一个人的名义提交了这部分内容，

而最终的实验表明他是对的。

（2）泊松亮斑实验的证实。

在菲涅耳面临泊松的质问时，阿拉果站在了菲涅耳一边，正是阿拉果的实验证实了泊松光斑的存在，使得波动说取得了最后的胜利。

1818 年，法国科学院因衍射问题征奖时，泊松根据菲涅耳的应征论文理论推得，在小圆盘的阴影中心应该出现一个亮点，于是断定波动说为谬论。阿拉果用实验证明这种亮点——泊松亮斑确实存在，有力地支持了波动说。但关键时候的迟疑，却最终使得阿拉果失去了"物理光学之父"的称号。

四、适用范围

1. 案例适用的专业

本案例适用于自动化、电气工程、电子科学与技术、计算机科学与技术、电子信息工程、通信工程等专业。

2. 案例适用的课程

本案例适用于半导体物理、量子物理、半导体器件基础、半导体物理与器件、半导体工艺学、大学物理、普通物理等课程。

案例 32
伟大的"意外"——正确对待成功与失败

一、案例

关于光的本质，存在"微粒说"和"波动说"两种理论。两种理论各有优势，也各有不足。对于"波动说"来说，遇到了一个难以克服的障碍——"以太"。为了对"以太"进行测量，进行了迈克尔逊-莫雷实验，这是科学史上一个著名的"失败"的实验。

通过介绍科学史上的一些"失败"的实验，如拉瓦锡测量"燃素"实验、瑞利测试氮气比重、贝可勒尔研究太阳光照射产生 X 射线实验，拓宽学生的专业视野，培养学生锲而不舍、坚韧不拔、毫不气馁、永不放弃的科学精神，同时，引导学生正确对待成功与失败。

二、思政元素——正确对待成功与失败

马克思说过："在科学上没有平坦的大道，只有不畏劳苦沿着陡峭山路攀登的人，才有希望达到光辉的顶点。"科学研究中任何重大的成就，都是需要经过几十次、几百次，甚至上千次、上万次的失败才取得的。科学的灵感，绝不是坐着可以等来的。如果说科学上的发现有什么偶然的机遇的话，那么这种"偶然的机遇"只会给那些学有素养的人，给那些善于独立思考的人，给那些具有锲而不舍的精神的人。

贝可勒尔天然放射性的发现并不是偶然，他对彭加勒报告的积极反应，及其后的一系列探索，在反复实验中所采取的正确方法，如挑选荧光材料的筛选

108

法、验证 X 射线源的排除法、确认自己结论的复验法等，这些都是科学研究的重要方法，另外，他不漏过任何一个可能性的严谨态度也很重要。正因如此，他能从最初对 X 射线、荧光、阳光等因素混淆的模糊认识中挣脱出来，最终确认物质放射性的源头。

对一个科研者来说，失败和成功比较起来，失败是经常的，而成功只是少量的。在他们的经验中，失败的经验要比成功的经验丰富得多。科学研究的过程，是曲折上升的过程，在这中间，经常会出现各种意想不到的情况，有时眼看要成功了，但又失败了，有时眼看已经失败，但经过一番深思苦想以后，又是"柳暗花明又一村"。要正确对待成功与失败，成功时，要不骄不躁，失败时，要不弃不馁，如此，方能取得更大的成绩。

三、教学方法

1. 问题导入法

18—19 世纪时，人们认为"真空"中存在着一种无所不在的物体，称为"以太"，认为光波应该通过"以太"传播。为了对"以太"进行测定，迈克尔逊和莫雷进行了实验，试图对"以太"的速度进行测试，但最终的实验结果是失败的，他们不仅没有测出"以太"的速度，反而证明了"以太"不存在，说明了光速在真空的不变性。

2. 观看视频或图片，小组讨论法

观看关于迈克尔逊-莫雷实验视频，观看"以太"的视频。

在课堂上分组讨论：什么是"以太"？同学们有没有听说过"以太网协议"？如果一件事情失败了 99 次，同学们是否还有勇气和毅力坚持下去？什么是"成功"？什么是"失败"？"成功"和"失败"是完全对立的吗？

3. 总结

(1)拉瓦锡测量"燃素"实验。

18 世纪前，科学家认为物质之所以能够燃烧，是因为物质中存在"燃素"。

为了确认测试燃素的质量，拉瓦锡在1773年进行了实验，他精确称量一块锡的重量，完全燃烧后，再次测量重量，燃素的重量应该等于燃烧后减少的重量。但是经过多次实验后，发现燃烧后的重量不仅没有减少，反而增加了，从而彻底否定了"燃素"说，并提出了全新的"氧化说"。"氧化说"的提出对于当时人类的化学进程具有重要意义，使当时的科学家们走出"燃素"的迷雾，将人类化学研究的路线重新拨正到正确方向，化学研究得以快速发展。

（2）瑞利测试氮气比重。

1892年，瑞利为了测试氮气的比重，采用两种方法分别制备了氮气。第一种是把空气压缩，尽可能地从里面分离去掉其他气体，第二种是采用化学方法制备氮气。瑞利发现两种方法制备的氮气比重不同，其中前者比后者重了2‰。正当瑞利困惑不解时，拉姆塞向瑞利提出，他要用新方法研究大气中的氮，瑞利对此慨然允许，并与拉姆塞精诚合作，他们的研究取得了惊人的重大成果，从而发现了氦、氖、氩、氪、氙等整族的惰性气体元素。1894年5月24日，拉姆塞给瑞利写信，提出了整个惰性气体族的设想。同年8月7日，以他们两个人的名义宣布了一种惰性气体元素（氩）的发现。

（3）贝可勒尔研究太阳光照射产生X射线实验。

1896年，贝可勒尔把铀的氧化物作为荧光物质，研究太阳光照射产生X射线的现象。他先用黑纸把感光底片包起来，在不透光的情况下，放在太阳下面晒了一整天，发现感光底片并没有感光。接着，他又把铀盐放在用黑纸包好的底片上，晒了几个小时之后，底片现出了黑影，由此证明，底片上的黑影是铀盐而不是阳光引起的。随后，在试验期间一连几天阴雨，他只好把铀盐和底片包在一起，放到了抽屉里，等雨过天晴，他从抽屉拿出实验材料，发现洗出来的底片上竟然出现了黑影。经过反复排查之后，他最终确认，底片黑影是铀盐造成的，与阳光、荧光都没有关系，铀盐是一种可以自发辐射的材料。他把这种辐射称为"铀"辐射，贝可勒尔终于揭开了铀元素的神秘面纱。天然放射性机制的发现，使人们的视野从原子扩展到了原子核，这成为核物理学诞生的第一块基石，也成为核技术应用发展的源头。

四、适用范围

1. 案例适用的专业

本案例适用于自动化、电气工程、电子科学与技术、计算机科学与技术、电子信息工程、通信工程等专业。

2. 案例适用的课程

本案例适用于半导体物理、量子物理、半导体器件基础、半导体物理与器件、半导体工艺学、大学物理、普通物理等课程。

案例 33
渔夫与瓶子——勇于担当、坚持学术自信

一、案例

19 世纪末，科学界存在着"两朵乌云"的说法，第一朵"乌云"是"以太"问题，第二朵"乌云"是黑体辐射问题。为了解释黑体辐射现象，普朗克提出了量子假说。

教师通过讲解黑体辐射现象，引出普朗克的量子理论，并利用量子论解释黑体辐射实验现象，揭示量子的重要意义，引出量子史上一些重要科学家的积极贡献和他们对量子理论的保守观点。本案例旨在拓宽学生的专业视野，培养学生积极大胆、勇于担当、坚持真理的科学精神，学习科学家坚持学术自信、持之以恒、对科学的追求和奋斗的精神。

二、思政元素——勇于担当、坚持学术自信

求真是一条科学的坎坷之路。求真不仅是敢于否定权威，更是敢于否定自我。古往今来，任何伟大的发明无不是经过了无数次的失败。科学家们总是千方百计地对自己的结论加以否定，他们不怕失败，因为经历失败后，真理就会离他们更近了一步。要成为科学家，应当坚持求真精神，秉持对科学真理的担当，耐得住寂寞，经得起失败。

坚持学术自信，持之以恒。科学研究是一项艰辛的事业，创新从来不是无根之木、无源之水，它不会凭空出现，需要坚实的基础和丰富的积累，科学研究更是一份需要担当的事业。当来到量变到质变的窗口，需要有人当机立断，

抓住学术机遇，开创前人从未做过的新方向、新领域，引领科学走到世界前端。这是一个曲折上升的过程，在这中间，会经历多次失败，我们要正确对待成功与失败，成功时，要不骄不躁，失败时，要不气不馁，如此，方能取得更大的成绩。

三、教学方法

1.问题导入法

开尔文发表题为《在热和光动力理论上空的 19 世纪乌云》演讲时指出："动力学理论断言，热和光都是运动的方式。但现在这一理论的优美性和明晰性却被两朵乌云遮蔽，显得黯然失色了……"其中，第二朵"乌云"即黑体辐射问题，由于黑体辐射实验与理论不一致，使得玻尔兹曼的能量均分学说遭到质疑，分子运动理论存在巨大争议，最终导致了量子论的大爆发。为了解决黑体辐射问题，维恩和瑞利先后提出了两个公式，但这两个公式一个只适用于短波，另一个则只适用于长波。为了彻底解决黑体辐射问题，普朗克提出了黑体辐射公式，并用量子论解释了黑体辐射现象。

2.观看视频或图片，小组讨论法

观看黑体辐射的视频。

在课堂上分组讨论：同学们对黑体辐射有什么认识？普朗克对黑体辐射有什么贡献？同学们有没有听过"渔夫和瓶子"的故事？这个故事给我们什么启示？如果同学们在科研和学习的过程中，意外发现了一些与传统科学相悖的现象，并经多次重复验证，是坚持自己的真理，还是向传统科学低头？如何看待创新？

3.总结

(1)普朗克黑体辐射公式的提出。

普朗克用数学上的内插法，试图调和维恩公式和瑞利-金斯公式，于1900年10月19日，在柏林的德国物理学会会议上，给出了他导出的黑体辐射公式。普朗克公式与当时的实验数据非常吻合，消除了"紫外灾害"的矛盾，并由此获得了 1918 年的诺贝尔奖。

普朗克黑体辐射公式即：

$$\rho_\nu \mathrm{d}\nu = \frac{8\pi h\nu^3}{c^3} \cdot \frac{1}{e^{\frac{h\nu}{kT}}-1} \mathrm{d}\nu$$

对于长波，将 $h\nu/kT$ 展开一级，可得到正比关系（即瑞利–金森公式）；如果忽略 $[(h\nu/kT)-1]$ 的"-1"项，则变为维恩公式。

无论是长波还是短波，普朗克黑体辐射公式都与实验结果完全吻合。

（2）普朗克的量子论。

普朗克发现要解释普朗克黑体辐射公式，需作三个假设：

①辐射黑体中分子和原子的振动可视为线性谐振子，这些线性谐振子可以发射和吸收辐射能。这些谐振子只能处于某些分立的状态，在这些状态下，谐振子的能量不能取任意值，只能是某一最小能量 ε 的整数倍，即 ε，2ε，3ε，$\cdots$，$n\varepsilon$。

②谐振子吸收或发射的能量正比于 ν。即：

$$E = h\nu$$

③谐振子只能一份一份地按不连续方式辐射或吸收能量，发射或吸收频率为 ν 的电磁辐射，只能以 $h\nu$ 的常数倍。

四、适用范围

1. 案例适用的专业

本案例适用于自动化、电气工程、电子科学与技术、计算机科学与技术、电子信息工程、通信工程等专业。

2. 案例适用的课程

本案例适用于半导体物理、量子物理、半导体器件基础、半导体物理与器件、半导体工艺学、大学物理、普通物理等课程。

案例 34
奇迹年——时不待我、只争朝夕和初生牛犊不怕虎的奋斗精神

一、案例

为了解释"光电效应"实验现象，爱因斯坦于 1905 年提出了光子理论，这一年也被称为"奇迹年"。

教师讲解光电效应实验，引出爱因斯坦的光子理论，并用光子理论解释光电效应，从而引出科学史上著名的两个"奇迹年"，即 1666 年 (牛顿的"奇迹年") 和 1905 年 (爱因斯坦的"奇迹年")。本案例旨在拓宽学生的专业视野，培养学生时不待我、只争朝夕的科学精神和初生牛犊不怕虎的新时代精神。

二、思政元素——时不待我、只争朝夕和初生牛犊不怕虎的精神

(1)"时不待我、只争朝夕"，意味着"闻鸡起舞"、争分夺秒，意味着奋发向上、永不满足。这种精神，也是青年学生应该具备的"精气神"。我们正处在一个竞争的时代，人和人之间、企业和企业之间、国家和国家之间，都存在着激烈的竞争。竞争是公平的，每个人一天只有 24 小时，不会有人多一秒也不会有人少一秒，因此，所有的竞争，最后比的是效率，比的是"闻鸡起舞"、争分夺秒的紧迫感，比的是"时不我待、只争朝夕"的精气神。有了这股"紧迫感"和"精气神"，两个一百年的伟大目标和中华民族伟大复兴就有了成功的保证。

(2)艰苦奋斗、初生牛犊不怕虎的新时代精神。青年学生首先要拥有"明知山有虎，偏向虎山行"的无畏精神，用"初生牛犊不怕虎"的勇气焕发工作的

韵气。同时，还要杜绝"初生牛犊不怕虎"的傲气。青年学生要时刻警惕形式主义和官僚主义，不把"牛气"运用在投机取巧上，从思想认识上解决问题根源，扎实理论基础，弘扬工作的正气，发扬"初生牛犊不怕虎"的硬气。习近平总书记在纪念五四运动100周年大会上指出："青年是国家的未来，也是世界的未来"。习近平总书记在庆祝中国共产党成立100周年大会上再次指出："未来属于青年，希望寄予青年"。青年学生作为新时代的先锋，要时刻牢记习近平总书记的嘱托，奋发向上，树立远大理想，脚踏实地探索实践之路，不负党和人民的殷切期望，勇于担当，在一次次实践中培养坚韧不拔的精神，以"初生牛犊不怕虎"的硬气，谱写新时代的朝气。

三、教学方法

1. 问题导入法

赫兹的电磁波实验存在着一个"悬案"——光电效应。如果利用经典波动说理论，是无法解释光电效应的实验规律的，更无法解决"频率"和"强度"的矛盾。1905年3月，爱因斯坦发表了一篇题为《关于光的产生和转化的一个启发性观点》的论文，提出光量子假说，成功解释了光电效应，并提出了光电效应方程。

2. 观看视频或图片，小组讨论法

观看光电效应的实验视频和爱因斯坦的视频。

在课堂上分组讨论：物理史上伟大的科学家都有谁？哪些物理学家可归为第一档"Top"级？牛顿和爱因斯坦在一年的时间内，先后做出了若干项堪比诺贝尔奖的重大成果，除了让我们顶礼膜拜，还给了我们什么启示？习近平总书记对青年人寄予期望，我们当代大学生应该怎么做才能不虚度光阴，让自己的人生更精彩呢？

3. 总结

1666年，23岁的牛顿独自一人奠定了微积分学、经典力学、光学和天文学（天体力学）这四大学科的基础，其中任何一项工作都足以让牛顿名列有史以来

最伟大的科学家之列。牛顿的贡献主要集中在四个方面：一是微积分的发明，这是一种全新的数学方法，可以处理变数的积分和积累效应。二是在"流数法"的基础上，创立了牛顿三大定律，奠定了经典力学的基础。三是万有引力定律的发现，为天体的运行制定了规则，后来关于万有引力定律的三大验证，即哈雷彗星的回归，海王星的发现，地球形状长圆、扁圆之争，有力地证实了万有引力的正确性和精确性。四是通过光的色散实验，揭示了光的本质。

1905 年，26 岁的爱因斯坦发表了 6 篇论文。单单这一年的工作，至少就配得上 3~4 个诺贝尔奖。1905 年 3 月，爱因斯坦发表了《关于光的产生和转化的一个启发性观点》，利用"光量子"理论一举解决了光电效应问题。这篇论文，是爱因斯坦本人唯一用了"最革命的"字眼来评价的论文。正是这篇论文，也使爱因斯坦跻身于量子论的三大教父之一（另外两位是普朗克和玻尔）。4 至 5 月间，发表了两篇关于布朗运动的论文——《分子大小的新测定法》《热的分子运动论所要求的静液体中悬浮粒子的运动》，提出了测定分子大小的新方法。6 月，发表了狭义相对论的论文——《论动体的电动力学》，这篇文章是人类智识史上一次质的飞跃。在此基础上，9 月，发表了《物体的惯性同它所含的能量有关吗》，推导出著名的质能关系式。12 月，发表了《关于布朗运动的理论》。

联合国教科文组织确定 2005 年为"世界物理年"，旨在致敬与纪念 100 年前的爱因斯坦"奇迹年"。

四、适用范围

1. 案例适用的专业

本案例适用于自动化、电气工程、电子科学与技术、计算机科学与技术、电子信息工程、通信工程等专业。

2. 案例适用的课程

本案例适用于半导体物理、量子物理、半导体器件基础、半导体物理与器件、半导体工艺学、大学物理、普通物理等课程。

案例 35
康普顿散射——爱国向上、自力更生和艰苦奋斗的科学家精神

一、案例

康普顿散射是一个非常重要的实验，有力地证实了光的微粒性。但是，康普顿散射实验也出现了很多特别的现象，利用经典的波动理论很难解释。

教师讲解康普顿散射实验，引出吴有训对康普顿散射所做的贡献，并引出赵忠尧、王淦昌等中国科学家与诺贝尔奖擦肩而过的遗憾。本案例旨在拓宽学生的专业视野，激发学生的爱国主义情感和自力更生、艰苦奋斗的科学家精神。

二、思政元素——爱国向上、自力更生和艰苦奋斗的科学家精神

科学无国界，但科学家有自己的祖国。爱国是科学家精神的第一要义。勇攀科技高峰，就要把祖国装在心中，以科学家精神砥砺"以身许国，何事不可为"的勇毅担当，激扬"敢为天下先"的创造豪情。在中华人民共和国的天空中，科学家是最耀眼的星，一代代科学家秉持国家利益和人民利益至上，凭借精湛的学术造诣和宽广的科学视野，创造出了无愧于时代的光荣业绩。他们身上，彰显着胸怀祖国、服务人民的爱国精神，勇攀高峰、敢为人先的创新精神，追求真理、严谨治学的求实精神，淡泊名利、潜心研究的奉献精神，集智攻关、团结协作的协同精神，甘为人梯、奖掖后学的育人精神。

自力更生、艰苦奋斗的科学家精神。自力更生、艰苦奋斗是"两弹一星"精

神的重要内容。我们的事业要发展、要壮大，不能靠别人，只能靠自己。当年初创期是这样，现在也是这样。与以前相比，我们今天的基础更加坚实、人才队伍更加壮大，外部条件好了很多，但也面临新的挑战，我们要大力传承弘扬和践行"两弹一星"精神，继续激扬自力更生、艰苦奋斗的志气。

三、教学方法

1. 问题导入法

康普顿散射的实验结果表明：①散射光中有两条谱线，其中，$\lambda'>\lambda$，$\Delta\lambda$ 随散射角 θ 的增大而增加，且新谱线的相对强度也增大；②在同一散射角 θ 下，θ 与散射物无关；③原子量越小的物质，康普顿效应越显著。如果用经典的物理理论，是无法对该实验现象进行解释的。康普顿对实验结果进行了解释，并对石墨进行 X 射线衍射，以证明其理论的正确性。

2. 观看视频或图片，小组讨论法

观看康普顿散射的实验视频和"两弹一星"的图片。

在课堂上分组讨论：通过视频，我们了解了中国科学家吴有训对康普顿散射的贡献，那么，同学们是否还知道中国其他伟大的物理学家吗？"两弹一星"是什么？哪些科学家为"两弹一星"做出了重大贡献？有哪些中国人获得了诺贝尔奖？老一辈科学家爱国向上、自力更生、艰苦奋斗的精神，给了我们什么启示？

3. 总结

（1）吴有训对康普顿散射实验的贡献。

吴有训，江西高安人，中国近代物理学奠基人，教育家。1923 年，吴有训正式成为康普顿的研究生，和康普顿一起进行 X 射线问题的研究。吴有训陆续使用 15 种不同的样品材料，分别进行了 X 射线的散射实验，结果都与康普顿的理论相符合，从而形成了对此理论广泛适用性的强有力证明。这些工作也得到了康普顿本人的重视和高度评价，他把吴有训所获得的 15 种物质 X 射线散射光谱与他自己的那张石墨散射谱，一并收入了他于 1926 年写成的专著《X 射

线与电子》(这部著作于 1935 年再版时，更名为《X 射线之理论与实验》)。1927 年，康普顿由于"康普顿效应"这项工作而获得诺贝尔物理学奖。而对证明"康普顿效应"正确性和发展"康普顿效应"做出主要贡献的吴有训却因为没有被人提名成为候选人，所以与诺贝尔物理学奖擦肩而过。康普顿在自己的多种著作和多种场合都不断提到吴有训的实验，他在自己的晚年，还很有感慨地特意说道："吴有训是我平生最得意的两个学生之一，他本也该获得诺贝尔物理学奖……。"

(2)赵忠尧。

赵忠尧，浙江诸暨人。中国核物理、中子物理、加速器和宇宙线研究的先驱和启蒙者，量子电动力学的重要奠基人。1927 年，赵忠尧去美国加州理工学院深造，师从著名物理学家密立根攻读博士学位。1929 年，赵忠尧在导师指导下，从事一项名为"硬伽马射线通过物质时的吸收系数"的研究。他在做相关实验时发现，硬伽马射线通过铝一类轻元素时发生的散射，完全符合已知的规律，但是通过铅一类重元素时，却出现了反常吸收。1930 年 10 月，赵忠尧在美国《物理学评论》上发表了他的这一重要发现。赵忠尧是世界上第一个发现正电子的人，同时也是第一个证实世界上有反物质存在的人，他所做的实验，是人类历史上第一次直接观察到由正反物质湮灭所发生的现象。1936 年，瑞典皇家学会决定对发现正电子这项物理学史上的伟大成就颁发诺贝尔奖时，却没有授予赵忠尧，而是授予了在赵忠尧实验的启发下，比赵忠尧晚两年从宇宙线中观测到正电子径迹的美国物理学家安德逊。原因在于当时有一位在德国工作的女物理学家，在一篇文献中报告她的实验结果和赵忠尧的观察不同，并对赵忠尧实验结果的正确性提出了质疑。这件事在瑞典皇家学会内引起了争论，为慎重起见，他们决定放弃原来的意见，不再授予赵忠尧诺贝尔奖，而把它授予了赵忠尧的同学，同样发现正电子的安德逊。几年后，人们证实了赵忠尧的实验和观察是完全准确的，而那位提出疑问的科学家是由于设备灵敏度不够而造成了错误的观察，但为时已晚矣。就这样，赵忠尧蒙受了巨大的冤屈，成为诺贝尔奖历史上的一大遗憾。安德逊在 1983 年出版的一本著作中也承认，他的研究是受赵忠尧的启发才做的。后来，爱克斯朋教授表示说："世界欠中国一个诺贝尔奖。"1955 年，赵忠尧冲破重重阻力毅然回国，为新中国核物理研究做出了巨大的贡献。

（3）王淦昌。

王淦昌，江苏常熟人，中国著名核物理学家，中国科学院院士，被誉为"两弹之父"。1930 年，王淦昌赴德国柏林大学留学，师从著名的女物理学家迈特纳，攻读博士学位。同年，玻特和贝尔用一种放射性物质放出的带电粒子去轰击轻金属铍时，发现有一种穿透力很强的射线发射出来。由于这种射线不带电，许多科学家包括迈特纳在内，都认为它是能量很大的 γ 光子。当时作为迈特纳实验助手的王淦昌，对此却有怀疑，因为他通过计算知道，γ 光子无论如何也不会有如此大的穿透力。他建议用一种叫作"云雾室"的仪器，来研究和确定这种未知射线的性质，但两次都遭到迈特纳的反对。1932 年，查德威克用"云雾室"重新做了上述实验，证实未知射线不是 γ 光子，而是一种中性粒子流，并起名叫中子。1935 年查德威克因发现中子而获得诺贝尔奖，而王淦昌却因导师的阻拦，痛失一次获奖的机会。

抗日战争期间，王淦昌在浙江大学任教。王淦昌通过阅读西方的学术刊物，发现国外物理学家正在探索中微子。但因方法失当，所有俘获中微子的实验都没有成功。王淦昌凭着自己丰富的知识和非凡的智慧，独辟蹊径地提出了一个用 K 电子俘获中微子的实验方案，但是在当时战乱的中国，根本没有条件去完成这个实验。无奈之下，只好把它写成论文《关于探索中微子的一个建议》，1942 年 1 月发表在美国权威杂志《物理评论》上。1947 年，王淦昌又在《物理评论》发表了《建议探测中微子的几种方法》。不久，美国的物理学家阿伦看到后，按照王淦昌提出的实验方法，用实验证实了中微子的存在，并一举获得了诺贝尔奖。王淦昌又一次与诺贝尔奖擦肩而过。

1960 年，王淦昌在苏联杜布拉国家原子能研究所工作的时候，发现了一个新的带负电超子"反西格马负超子"。这是世界上第一个在实验室发现的带负电的超子，这一发现至今仍被列为杜布拉国家原子能研究所建所以来最重要的发现之一，又是一项诺贝尔奖级水平的重大科研成果。可惜由于当时正值中苏两国关系恶化的特殊时期，王淦昌再次失去了一次冲击诺贝尔奖的机会。就这样，王淦昌三次与诺贝尔奖擦肩而过。

以上这几个诺贝尔奖虽然由于种种原因不曾花落中国，但这三位大师的伟大成绩和研究成果被永远载入史册，他们为人类物理学的发展做出了不可磨灭的贡献。

四、适用范围

1. 案例适用的专业

本案例适用于自动化、电气工程、电子科学与技术、计算机科学与技术、电子信息工程、通信工程等专业。

2. 案例适用的课程

本案例适用于半导体物理、量子物理、半导体器件基础、半导体物理与器件、半导体工艺学、大学物理、普通物理等课程。

案例 36
诺贝尔奖得主的幼儿园——"吾爱吾师,吾更爱真理"

一、案例

关于原子的结构,英国科学家汤姆逊率先提出了"葡萄干布丁"模型,随后,汤姆逊的学生——新西兰科学家卢瑟福提出了"行星"模型,后来,汤姆逊和卢瑟福的学生——玻尔提出了原子的量子化模型。

教师讲解卢瑟福的"行星"原子模型,引出卢瑟福和卡文迪许实验室,以及卡文迪许实验室多位诺贝尔奖获得者的事迹。本案例旨在拓宽学生的专业视野,激发学生"吾爱吾师,吾更爱真理"的科学精神和谦虚谨慎、海纳百川的科学精神。

二、思政元素——"吾爱吾师,吾更爱真理"

"吾爱吾师,吾更爱真理",表明了人们热爱和尊敬老师的原因,也凸显了人类热爱真理的本性。求知是人的本性,获取知识是人类生存与发展不可或缺的基本前提,热爱真理、探究真理和追求真理根源于人内在本性的需要。希望同学们在大学期间能与老师为友,与书籍为友,与真理为友,能够养成独立思考的能力,只向真理低头。

三、教学方法

1.问题导入法

汤姆逊在研究阴极射线时,发现了原子中电子的存在,并提出了"葡萄干布丁"模型。1910 年,卢瑟福用 α 粒子轰击一张极薄的金箔,想确认"葡萄干布丁"模型的大小和性质,通过实验现象,提出了"行星"模型。

2.观看视频或图片,小组讨论法

观看原子结构模型的实验视频。

在课堂上分组讨论:关于原子结构,同学们都知道哪些模型?同学们是否了解汤姆逊、卢瑟福和玻尔之间的渊源?如果同学们遇到与老师所讲内容相悖的知识,是否要勇于指出来?是真理更重要,还是权威更重要?在平时的生活和科研中,应如何与老师和朋友相处?

3.总结

(1)粒子散射实验和"行星模型"的提出。

粒子散射实验:卢瑟福用 α 粒子入射在金箔 F 上,被散射后打在荧光屏 P 上,用显微镜 T 观测 α 粒子数。实验结果显示:绝大多数的 α 粒子穿透金箔后沿原方向运动,但有1/8000 的粒子散射角 α 大于 90°,更有接近 180°的。卢瑟福根据 α 粒子散射实验,发扬了"吾爱吾师,吾更爱真理"的优良品格,对汤姆逊的"葡萄干布丁"模型进行修正,提出了原子的核式结构模型:原子有一个小而重的带正电的原子核,几乎集中了原子的全部质量,带负电的电子沿着特定的轨道绕着原子核运行,而原子核的尺寸与整个原子相比非常小。此即所谓的"行星"模型。

(2)卢瑟福与卡文迪许实验室。

卢瑟福本人是一位伟大的物理学家,同时,他也是一位伟大的物理导师。他以敏锐的眼光去发现天才,又以伟大的人格去关怀他们,把他们的潜力挖掘出来。卢瑟福身边的那些助手和学生,绝大多数都非常成功,包括不少科学大师。尼尔斯·玻尔,20 世纪最伟大的物理学家之一、1922 年诺贝尔物理奖得主、量子论的奠基人和象征。1911 年，玻尔拜访汤姆逊，想师从汤姆逊，汤姆逊收下了玻尔的论文，但束之高阁。后来，玻尔遇到了卢瑟福，两人一见如故，卢瑟福邀请玻尔去曼彻斯特卡文迪许实验室工作、学习。在卡文迪许实验室，玻尔对原子结构进行了研究，并功成名就。

保罗·狄拉克，量子论的创始人之一、1933 年诺贝尔物理学奖得主。他的主要成就都是在剑桥卡文迪许实验室做出的。中子的发现者詹姆斯·查德威克花了两年时间在卢瑟福的实验室里，于 1935 年获得诺贝尔物理奖。布莱克特在第一次世界大战后进入剑桥跟随卢瑟福学习物理，他改进了威尔逊云室，并在宇宙线和核物理方面做出了巨大的贡献，获得了 1948 年的诺贝尔物理学奖。1932 年，沃尔顿和考克劳夫特在卢瑟福的卡文迪许实验室里建造了强大的加速器，并以此来研究原子核的内部结构，1951 年获诺贝尔物理学奖。英国人索迪1921 年获诺贝尔化学奖，匈牙利人赫维 1943 年获诺贝尔化学奖，德国人哈恩1944 年获诺贝尔化学奖，英国人鲍威尔 1950 年获诺贝尔物理学奖，美国人贝特 1967 年获诺贝尔物理学奖，苏联人卡皮察 1978 年获诺贝尔化学奖。

卢瑟福一生至少培养了 11 位诺贝尔奖得主（还不算他本人）。此外，他的学生中还有一些没有得到诺贝尔奖，但同样出色的名字，比如汉斯·盖革、亨利·莫塞莱、恩内斯特·马斯登等。卢瑟福的实验室被后人称为"诺贝尔奖得主的幼儿园"。

四、适用范围

1. 案例适用的专业

本案例适用于自动化、电气工程、电子科学与技术、计算机科学与技术、电子信息工程、通信工程等专业。

2. 案例适用的课程

本案例适用于半导体物理、量子物理、半导体器件基础、半导体物理与器件、半导体工艺学、大学物理、普通物理、无机化学、普通化学、高等化学等课程。

案例 37
PN 结的制作——民族自豪感和自强不息、百折不挠的科学精神

一、案例

PN 结的制作属于半导体工艺的范畴。近些年，中国的半导体工艺和 IC 芯片虽然取得了极大的进步，但是仍存在着一些不足和挑战。

教师讲解 PN 结的结构和制作工艺，引出中国芯片和集成电路的现状和未来。本案例旨在拓宽学生的专业视野，激发学生的民族自豪感和自强不息、百折不挠的科学精神。

二、思政元素——民族自豪感和自强不息、百折不挠的科学精神

(1)对中国芯片行业从无到有、从弱到强的民族自豪感。在国外重重封锁下，中国的 IC 芯片从无到有，从弱到强。从一开始的全进口，到现在的全产业链开发，中国的芯片人克服了种种困难，终于取得不错的成绩。中国芯片产业的崛起，招致美国的制裁。我们要越挫越勇，遇强则强，砥砺前行，为中国的芯片产业贡献自己的力量。

(2)自强不息、百折不挠的科学精神。面对目前的封锁和制裁，我们要自强不息，发动全中国的芯片公司，想尽办法自己造，求人不如求己。但是也要注意：被封锁、打压最狠的时刻，我们越是要开放；在竞争最紧张、决策最关键的时刻，我们越要相信市场、尊重市场、发挥市场的作用，不在关键的选择或行动上出错。

中国是全球最大的制造业国家，也是芯片技术和设备的最大需求国，中国市场需要全球的芯片企业，全球的芯片企业也需要中国市场。对芯片企业来说，最重要的是商业利益，美国试图组建的"芯片联盟"不可能是铁板一块，它的内部必定会出现分化和裂痕。尊重市场，自强不息地做研发；尊重市场，扩大开放做生意；尊重市场，等待时机，时间会给我们答案。

三、教学方法

1. 问题导入法

硅平面工艺制备 PN 结的主要工艺包括：①n^+衬底外延生长 n-Si；②采用干法或湿法氧化工艺制作晶片氧化层；③涂光刻胶层、匀胶及坚膜；④图形掩膜、曝光；⑤曝光后去掉扩散窗口胶膜；⑥腐蚀扩散窗口的 SiO_2 层；⑦腐蚀 SiO_2 层后去胶；⑧通过扩散(或离子注入)形成 PN 结；⑨蒸发/溅射金属；⑩刻蚀电极，PN 结制作完成。

2. 观看视频或图片，小组讨论法

观看 PN 结的制备工艺流程的视频。

在课堂上分组讨论：通过视频，同学们对 PN 结的制作工艺有什么理解？视频中，都用到了哪些半导体工艺？关于中国的芯片和集成电路行业，有哪些走在行业前端的公司？同学们是否了解这些公司？目前，中国的半导体工艺、芯片和集成电路的发展现状如何？针对以美国为首的西方国家的制裁和封锁，我们应该如何走出去、强起来？中国芯片和集成电路的未来在哪里？

3. 总结

(1)中国芯片和集成电路的现状。

目前，中国已具备 IC 芯片制造核心工艺整套流程。

①主要设备已全部具备。

从硅片的制造开始，单晶炉提供商有晶盛机电、北方华创、北电科 48 所。切割机有大族激光和中电 45 所。IC 设计工艺、氧化炉有北方华创和中电 48

所，涂胶显影机有沈阳芯源，光刻机有上海微电子、中电科 48 所和中电科 45 所，刻蚀机有北方华创、中微半导体和上海中微。IC 制造工艺、离子注入机有中电科 48 所、中科信和凯世通，薄膜淀积有北方华创、中微半导体、沈阳拓荆、中电科 45 所和中电科 48 所。化学机械研磨有华海清科、上海盛美和中电 45 所。清洗机有北方华创、上海盛美和华海清科。IC 封测工艺、减薄机有中电科和方达研磨，划片机有大族激光和中电科 45 所。引线键合机有大族激光和中电科 45 所，测试机有长川科技和格兰达。

②产业链市场占有率整体偏低。

从 2018 年的数据来看，设计和 IDM 环节，国内虽有一部分企业分得了一杯羹，比如长江存储、合肥长鑫、福建晋华、华为海思、华润微电子、华大半导体、士兰微、同方国芯、上海安路、扬杰科技和捷捷微电等，但全球市场占有率较低，仅 1% 左右。仅在 AP/BP 方向，华为海思等企业的市场占有率达到 12%。制造环节，国内的相关公司包括中芯国际、华力微、华虹半导体和三安光电，其中，中芯国际在 28 nm 以上成熟工艺市场占有率达 16%，华虹半导体在 8 寸硅基工艺市场占有率达 11%，其余均较低。封装测试环节，长电科技市场占有率达 25%。设备环节，前道高端设备无，前端成熟设备以中微半导体、北方华创和上海微电子的市场占有率为 2%，后端设备长川科技市场占有率达 4%。涉及核心 IP 和 EDA 无。

③目前的最新进展。

2022 年 9 月，上海发布称 14 nm 芯片规模量产，90 nm 光刻机、5 nm 刻蚀机、12 英寸大硅片、国产 CPU、5G 芯片等实现突破。目前能量产的是 28 nm 芯片，但超过九成的设备需要进口，能少量量产的是 7~14 nm 芯片。能全国产化的是 90 nm 芯片，即将全国产化的是 50 nm 左右的芯片。目前，中国成熟工艺生产的芯片，已经可以满足很多行业的需求，业内人士指出，28 nm 和 14 nm 工艺即可满足国内大部分的芯片需求。

（2）未来的发展趋势。

2022 年 10 月，美国发布了对中国史上最强的芯片制裁——《芯片和科学法案》，对中国 31 家半导体实体企业提出禁令。该制裁具体结果如何，短期内尚无法定论。

光子芯片还是量子芯片？目前，硅基芯片的国外专利封锁重重，想要突破非常困难。但是，光子芯片和量子芯片，目前全世界都处于实验室研究的水平，专利封锁基本上不存在，中国在光子芯片和量子芯片方向都做出了很多成果，其中，量子芯片已领先其他国家三四年，相信依靠中国科学家的不断努力，会实现弯道超车。

四、适用范围

1. 案例适用的专业

本案例适用于自动化、电气工程、电子科学与技术、计算机科学与技术、电子信息工程、通信工程等专业。

2. 案例适用的课程

本案例适用于半导体物理、量子物理、半导体器件基础、半导体物理与器件、半导体工艺学等课程。

案例 38
双极结型晶体管的结构和发展——家国情怀

一、案例

双极结型晶体管可以看成是两个背靠背的 PN 结，双极型晶体管有两种基本结构：PNP 型和 NPN 型。在这三层半导体中，中间一层为基区，外侧两层分别为发射区和集电区。当基区注入少量电流时，在发射区和集电区之间就会形成较大的电流，这就是晶体管的放大效应。

教师讲解双极结型晶体管的结构和发展，引出中国第一只锗晶体管的发明者高鼎三，并引出黄昆、谢希德、王守武等中国半导体行业奠基人的事迹。本案例旨在拓宽学生的专业视野，激发学生的家国情怀，学习老一辈科学家勇于奉献、淡泊名利、勇攀高峰的科学精神。

二、思政元素——家国情怀

回首中国科技事业，在短短数十年中由弱渐强，直至在世界舞台上具有重要影响力，离不开一大批科学家的筚路蓝缕、披荆斩棘。从科学救国、科技报国、科技兴国，到科技强国，中国科学家重道义、勇担当，有着深沉的家国情怀。"修身齐家治国平天下""苟利国家生死以，岂因祸福避趋之"的爱国精神融于中华民族骨血，影响至深至久。我们作为新时代新青年，不仅应该感激科学家们的付出，更应该学习他们的精神，为国家社会的发展做出属于自己的贡献。

每一项巨大科技成果的问世，离不开科学家们敏锐的洞察力，更要依靠他们淡泊名利、潜心研究、无私奉献的家国情怀。科研的道路漫长而孤独，从科研规律看，研究成果往往不是一蹴而就的，总有一个循序渐进、量变积累的过程。科技创新的要求越是迫切，越是要下一番沉潜专注功夫；越是盛行名利至上，越是要不为"名利"遮眼，为"路漫漫其修远兮"的科研事业奉献青春岁月。青年人应当铭记并学习这种精神，以家国天下为己任，不计名利，潜心研究，追随科技工作者们的步伐，主动肩负起历史重任，将个人追求融入建设社会主义现代化国家的伟大事业中去。

三、教学方法

1.问题导入法

晶体管分两类：一类是双极型晶体管，即 BJT，BJT 是电流控制器件；另一类是场效应晶体管，即 FET，FET 是电压控制器件。双极结型晶体管是由两个相距很近的 PN 结组成的半导体器件，可以获得电压、电流或信号增益。1956年，吉林大学的高鼎三院士制造出中国第一只锗结型晶体管。

2.观看视频，小组讨论法

观看双极结型晶体管的制备工艺流程的视频。

在课堂上分组讨论：通过视频，同学们对双极结型晶体管的制作工艺有什么理解？视频中，都用到了哪些半导体工艺？同学们是否知道中国第一只晶体管是由哪位科学家制作的？在半导体物理和应用方面，中国有哪些科学家做出了突出贡献？为什么中国的科学家们能不计个人名利，甘做人梯、提掖后人？同学们从这些科学家身上得到了什么启示？

3.总结

(1)高鼎三。

高鼎三，上海人，半导体与光电子学专家，中国工程院院士，吉林大学半导体系创建者。高鼎三于 1947 年赴美国加利福尼亚大学研究院留学，先后获得硕士、博士学位；1955 年回国后到东北人民大学任教；1959 年主持建立了吉林大学半导体系。高鼎三在中国国内首先研制成大功率整流器、点接触二极管、三极管、光电二极管，较早研制成功 GaAs 激光器，500 A、2500 V 大功率晶闸管。高鼎三是中国半导体事业开拓者之一，为中国光电器件和半导体激光器发展倾注了毕生精力，并培养了一大批专业人才。高鼎三为中国的半导体事业、科教事业做出了不可磨灭的贡献。在他生命的最后时光里，他想到的仍是国富民强、科技进步。爱国，是他一生的精神信念，他的身上始终闪耀着纯粹的精神之光。

（2）黄昆。

黄昆，浙江嘉兴人，世界著名物理学家、中国固体物理学和半导体物理学奠基人之一，被誉为"中国半导体之父"。1948 年获英国布里斯托大学博士学位，曾先后荣获 1995 年度何梁何利基金科学与技术成就奖和 2001 年度国家最高科学技术奖。黄昆主要从事固体物理理论、半导体物理学等方面的研究。黄昆完成了两项开拓性的学术贡献，一项是提出著名的"黄方程"和"声子极化激元"概念，另一项是与里斯共同提出的"黄-里斯理论"。出版著作包括《晶格动力学理论》和《固体物理学》。黄昆最重要的贡献之一就是组织实施了五校联合半导体物理专门化，为国家的半导体科技事业培养了一批又一批栋梁英才，对创建和发展中国半导体科教事业，以及从无到有地建立和发展半导体工业体系起到了开拓性作用。

（3）谢希德。

谢希德，福建泉州人，固体物理学家、教育家、社会活动家，中国科学院学部委员（院士）、第三世界科学院院士，复旦大学原校长，被誉为"中国半导体之母"。1947 年，谢希德赴美国史密斯学院留学，1949 年获得硕士学位后转入麻省理工学院专攻理论物理，1952 年绕道英国回到中国并被分配到上海复旦大学物理系。谢希德主要从事半导体物理和表面物理的理论研究，是中国这两方面科学研究的主要倡导者和组织者之一，在半导体表面界面结构、Si/Ge 超晶格的生长机制和红外探测器件、多孔硅发光、蓝色激光材料研制、锗量子点的生长和研究，以及磁性物质超晶格等方面取得了出色成果。其主要著作包括《固体能带理论》和《群论及其在物理学中的应用》。谢希德是中国半导体物理学科和表面物理学科的开创者和奠基人，在表面和界面物理，以及量子器件和异质结构电子性质理论研究方面成果突出，培养出数位中国该领域的领军人才。她曾任复旦大学校长，为中国高等教育事业的发展，物理学科研机构的建立与发展，科教领域的国际交流和合作，以及物理学会的工作做出了突出的贡献。

（4）王守武。

王守武，江苏苏州人，半导体器件物理学家、微电子学家，中国半导体科学技术的开拓者与奠基人之一。王守武毕生从事半导体材料、半导体器件及大规模集成电路等方面的研究与开发工作。1957 年，王守武成功研制中国第一只锗合金扩散晶体管，设计制造了中国第一台单晶炉，成功拉制了中国第一根锗单晶，成功研制了中国第一批锗合金结晶体管，并掌握了锗单晶中的掺杂技术；1962 年，他领导并参与了对半导体材料的电阻率、少数载流子寿命以及锗晶体管频率特性的标准测试方法的研究，建立了相应的标准测试系统；1964 年，成功研制了中国第一只半导体激光器；1978 年，承担了 4000 位的 MOS 随机存储器大规模集成电路的研制，又研制了 16000 位的 MOS 随机存储器大规模集成电路；1980 年，改建 109 厂，建成 4000 位大规模集成电路生产线。王守武还指导并参与了许多半导体器件和器件物理方面的基础研究工作，如在半导体性能测试方面的研究、半导体异质结激光器性质的研究、平面 Gunn 器件的研究、PNPN 结构器件的研究、器件物理和器件设计的计算机模拟研究等。王守武是中国半导体科学技术事业的重要开拓者和奠基人之一，对中国的半导体事业，特别是半导体器件物理和产品的研发和生产方面做出了重大的贡献。

四、适用范围

1. 案例适用的专业

本案例适用于自动化、电气工程、电子科学与技术、计算机科学与技术、电子信息工程、通信工程等专业。

2. 案例适用的课程

本案例适用于半导体物理、量子物理、半导体器件基础、半导体物理与器件、半导体工艺学等课程。

案例 39
攻克半导体产业"卡脖子"问题——激发持之以恒的爱国热情

一、案例

国内半导体技术发展初期与世界最先进的水平相差不大,后研究中断,导致现在面临被以美国为首的国家"卡脖子"的困境。以中华人民共和国成立以来半导体技术的发展之路,激发学生持之以恒的钻研精神,为国家将来的半导体事业坚持不懈地奋斗。

二、思政元素——激发持之以恒的爱国热情

国外的技术封锁并没有阻止我们国家的技术进步,恰好促使我们国家通过自主研发,走在世界的前列。在现在半导体技术被国外"卡脖子"的困境中,我们应有足够的信心克服困难,将其视为中国发展的又一次机遇,持之以恒、坚持不懈地为国家半导体事业奋斗。

三、教学方法

1. 问题导入法

国内半导体技术发展初期与世界最先进的水平相差不大,具有远高于同时代的日本与韩国的起点,为什么现在面临以美国为首的国家"卡脖子"的困境?

2. 讲授法

（1）高起点：1956 年，我国制定《1956—1967 年科学技术发展远景规划纲要》，将与"两弹一星"直接配套的电子计算机、半导体、无线电电子学和自动化学科发展列为四项"紧急措施"。1959 年 9 月，中华人民共和国成立 10 周年大庆前夕，根据苏联有关计算机技术资料制成的 104 大型通用电子计算机通过试运算，运算速度提升到 10000 次/s。在电影《横空出世》中，有段科学家们一起打算盘推演公式的桥段，但实际上，开发"两弹一星"的计算量，绝不是仅靠科学家们熬夜打算盘就能完成的。在背后真正提供计算支持的，是国产 119 型计算机。新中国初期，凭借王守武、黄昆、谢希德等归国科学家们夙兴夜寐、废寝忘食的努力，使中国与美国的半导体技术不过仅有 5~7 年的实际差距，这个起点要远高于同时代的日本与韩国。

（2）研究中断：钱学森晚年曾说"60 年代我们全力投入两弹一星，我们得到很多。70 年代我们没有搞半导体，我们为此失去很多"。时光荏苒，岁月如梭。我们发现，现在阻隔在国内半导体发展面前的，已经不只是技术落后，还有狭隘的实用主义思潮。2020 年 11 月 24 日，中国探月工程"嫦娥五号"发射成功。然而，伴随着火箭的升空，民间的争议也随之出现：我们去月球能干什么？能贡献多少 GDP？对于这样的声音，航天专家叶培建说："以后不要问我们这些问题。我们现在能去却不去，后人要怪我们。别人去了，别人占下来了，你再想去都去不了。"恰恰是这种狭隘且短视的实用主义，阻挠了国产芯片、国产软件的发展。

（3）破局之路：在 2019 年 9 月的一场"大金融思想沙龙"上，国内知名经济学博士曲凤杰指出：长期的技术引进和科学技术的实用主义思想，导致我国没有建立起完善的技术支撑体系，（所以让美国的）技术封锁（对我国）的杀伤力很大。如今，当我们在讨论内循环的时候，更多地把着眼点放在了经贸领域。但内循环的指导思想并不局限于此。参照美国的发展经验，任何科技创新均是先满足本土市场之后，再进一步推广到全世界。早期日本、韩国的半导体发展，都仰赖于美国半导体市场的需求，走出了一条"内需打基础，出海挣大钱"的技术扩张之路。在内循环新格局之下，这样的逻辑对于如今的中国来说，同样适用。

3.总结分析

在攻克半导体产业"卡脖子"问题上，我们不仅仅是在追求技术的突破，更是在捍卫国家的核心利益和发展命脉。这项挑战需要我们全社会的共同努力，需要每一个人的智慧和汗水。因此，我们应当以更加坚定的信心和毅力，持之以恒地投入这一事业，不断探索创新，突破困境。在这个过程中，我们不仅仅是在实现技术上的突破，更是在激发一种持久的爱国热情，让我们心怀使命，为国家的繁荣和人民的福祉贡献自己的力量。

四、适用范围

1.案例适用的专业

本案例适用于自动化、电气工程、电子科学与技术、计算机科学与技术、电子信息工程、通信工程等专业。

2.案例适用的课程

本案例适用于新生导论与职业规划、半导体薄膜技术与物理、半导体物理与器件、半导体物理、半导体器件基础、半导体工艺学等课程。

案例 40
硅单晶生长——百炼成钢的成才之路

一、案例

使用金属冶炼的方法从石英砂中提炼出多晶硅，再通过直拉法或者区熔法生长单晶硅。多晶体硅料经加热熔化，待温度合适后，经过将籽晶浸入、熔接、引晶、放肩、转肩、等径、收尾等步骤，完成一根单晶锭的拉制。

二、思政元素——百炼成钢的成才之路

硅单晶对半导体工业具有重要价值，其原料为石英砂，沙土的一种。当代大学生将来会成为国家建设的主力军，其成长成才之路可以从硅单晶的生长过程中得到启迪。

三、教学方法

1. 问题导入法

当代大学生将来会成为国家建设的主力军，具有无可替代的价值，那么，如何从一名普通的学生，成长为祖国未来的建设者？

2. 讲授法

（1）单晶硅的主要生长方法。使用金属冶炼的方法从石英砂中提炼出多晶

硅,再通过直拉法或者区熔法生长单晶硅。多晶体硅料经加热熔化,待温度合适后,经过将籽晶浸入、熔接、引晶、放肩、转肩、等径、收尾等步骤,完成一根单晶锭的拉制。炉内的传热、传质、流体力学、化学反应等过程都直接影响到单晶的生长与生长成的单晶的质量,拉晶过程中可直接控制的参数有温度场、籽晶的晶向、坩埚和生长成的单晶的旋转与升降速率,炉内保护气体的种类、流向、流速、压力等。装料、熔料阶段是直拉法生长过程的第一个阶段,这一阶段看起来似乎很简单,但是这一阶段操作正确与否往往关系到生长过程的成败。大多数造成重大损失的事故(如坩埚破裂)都发生在或起源于这一阶段。区熔法是利用多晶锭分区熔化和结晶半导体晶体生长的一种方法,利用热能在半导体棒料的一端产生一熔区,再熔接单晶籽晶。调节温度,使熔区缓慢地向棒的另一端移动,通过整根棒料,生长成一根单晶,晶向与籽晶的相同。在实际生产过程中,往往会采取先用直拉法制备硅锭,再使用区熔法提高纯度,两种方法结合使用。

(2)学生的成长成才之路。作家冰心曾经说过:"成功的花,人们只惊羡于它当时的明艳!然而当初她的芽儿,浸透了奋斗的泪泉,洒遍了牺牲的血雨。"当一个人功成名就的时候,人们只看到了他事业有成后的威风,却忘记他为了成功而经历的磨炼和困难,以及付出的心血和汗水。

3. 总结分析

高纯度的单晶硅来自普通的沙土,祖国未来的建设者来源于今天普通的大学生。如何从一名普通的学生,成长为未来的祖国建设者?在学生成长成才的道路上,源于平凡,要就于非凡,就需要在困难面前磨炼出坚毅的品格,如同沙土炼成硅锭,取其精华、去其糟粕。从沙土到硅锭的冶炼过程如同大学的学习过程,提炼有用的硅元素,形成多晶硅,如同学生要学习有用的知识;将多晶硅融化,完成熔接、引晶,晶格重新排列,如同将知识融会贯通,重新理解一遍;反复使用区熔法,进一步提纯,如同将知识一遍又一遍地在实践中运用,最终成为社会主义现代化建设的知识分子。

四、适用范围

1. 案例适用的专业

本案例适用于自动化、电气工程、电子科学与技术、计算机科学与技术、电子信息工程、通信工程等专业。

2. 案例适用的课程

本案例适用于半导体薄膜技术与物理、半导体物理与器件、半导体物理、半导体器件基础、半导体工艺学等课程。

案例 41
薄膜结构与缺陷——天下大事必作于细

一、案例

薄膜的结构可分为三种：组织结构、晶体结构和表面结构。薄膜的缺陷主要产生在薄膜生长和形成过程中，这些缺陷对薄膜性能有重要影响，是导致它与块材性能差异的重要原因。这些缺陷的出现与薄膜制造工艺密切相关，主要的缺陷类型包括：点缺陷、位错、晶粒间界、层错缺陷。

二、思政元素——天下大事必作于细

学习和科学研究过程中，需要注重细节。薄膜结构及缺陷是影响薄膜性能的重要因素，部分大学生未来要参与工程项目实践，其成才之路可以从薄膜结构及缺陷中受到启发。

三、教学方法

1.问题导入法

虽然薄膜的结构及缺陷很微小，但是能在很大程度上影响薄膜性能，由此可知，细节往往是成就大事的基础。理工科的部分大学生将来要参与工程项目实践，所从事的工作有很多需要注意的细节，从一个普通的大学生成长为一个工作认真仔细、具有兢兢业业的工作习惯的未来工程技术人才尤为重要。

2.讲授法

(1)薄膜结构及缺陷。薄膜的结构可分为三种:组织结构、晶体结构和表面结构。薄膜的组织结构是指它的结晶形态,包括无定形结构(非晶结构或玻璃态结构)、多晶结构、纤维结构和单晶结构。薄膜的晶体结构是指薄膜中各晶粒的晶型状况,在大多数情况下,薄膜中晶粒的晶格结构与块状晶体是相同的(7 个晶系 14 种布拉非格子)。薄膜的表面结构具有一定的粗糙度,厚度在各处不均匀。薄膜的表面积随着其厚度的平方根而增大。薄膜的主要缺陷类型包括:点缺陷、位错、晶粒间界、层错缺陷。点缺陷是晶体中晶格排列出现的缺陷,是仅涉及单个晶格结点的缺陷,它的形成原因在于晶格结点处原子在平衡位置附近不停热振动,在一定的温度和能量下,由于存在能量起伏,个别原子脱离束缚逃离原位形成空位缺陷,逃离原位的原子跳进原子之间形成填隙缺陷;另外,温度急剧变化,真空蒸发薄膜过程也会产生点缺陷,其他一部分点缺陷由杂质引起。位错是薄膜最常遇到的缺陷之一,它是晶格结构中一种“线型”不完整结构,薄膜的位错源于薄膜与基体之间的晶格失配及基体上产生的位错,另外一部分位错是由小岛聚结引起的。薄膜含有许多微小晶粒,与块状材料相比,薄膜晶粒间界面积较大,它的晶粒尺寸随沉积条件(膜厚、基片温度、沉积速度)和退火温度而变化。层错缺陷发生在真空蒸发薄膜过程中,由原子错排产生。

(2)学生的成长成才之路。荀子曾言:“不积跬步,无以至千里,不积小流,难以成江河。”事物都是由一点一滴的细枝末节组成的,不能以认真负责任的态度做好每一件小事,往往不能走得更远。海尔总裁张瑞敏曾言:“把每一件简单的事情做好,就是不简单,把每一件平凡的事做好就是不平凡。”再平凡的事情都需要用心认真地去干,注重每一个细节并把细节做好,平凡的事情也能创造出不平凡的价值。“千里之堤,溃于蚁穴”,就警示我们,不注意细节和基础,难以做成大事,也会不可避免地产生难以估量的损失。天下难事,必作于易;天下大事,必作于细。任何一个难题,都可以将其分解成几个关键问题,将每个关键问题转化成一个个能够解决的小问题,从而将最初的问题解决。如果对于细节不够重视,将会导致最初的问题无法解决。

3.总结分析

薄膜结构及缺陷看似很微小，却能在很大程度上影响薄膜的性能。理工科的学生未来要成为工程技术人才，需要时刻注意工作上的细节，用负责任的态度把每一件平凡的事情干好，创造出自己的价值。这就像在薄膜的生长和形成过程中，注重薄膜的结构和缺陷，尽量把薄膜结构调整好，减少薄膜制造工艺中的缺陷，能够在很大程度上提升薄膜的性能。这看似很微小的改动，影响却很深远。对当代大学生也是如此，只有踏踏实实做好每一件事情，注意平常自己忽视的细节，培养自己认真负责任的态度，在以后面对烦琐的工作时才能得心应手，才更容易获得成功。

四、适用范围

1.案例适用的专业

本案例适用于自动化、电气工程、电子科学与技术、计算机科学与技术、电子信息工程、通信工程等专业。

2.案例适用的课程

本案例适用于半导体薄膜技术与物理、半导体物理与器件、半导体物理、半导体器件基础、半导体工艺学等课程。

案例 42
氧化工艺技术——鱼和熊掌可兼得

一、案例

热氧化法包括干氧氧化、水汽氧化和湿氧氧化三种方法。其中发生的化学反应是氧气或水汽和硅片反应生成氧化硅。

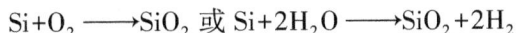

$$Si+O_2 \longrightarrow SiO_2 \quad 或 \quad Si+2H_2O \longrightarrow SiO_2+2H_2$$

热生长二氧化硅为无定形结构，是由硅-氧四面体无规则排列组成的三维网络。其电阻率很高 $(5×10^{15} \ \Omega \cdot cm)$，介电常数达 3.9，是很好的绝缘和介电材料。热生长二氧化硅已在半导体器件和集成电路中被广泛用作绝缘栅、绝缘隔离、互连导线隔离材料和电容器的介质层等。

二、思政元素——鱼和熊掌可兼得

质量和效率两者往往难以兼得，但是在实际氧化工艺中，兼顾了氧化层的质量和氧化速率。通常采用干氧→湿氧→干氧的工艺，既可以在氧化层上下界面形成致密的氧化层，又可以提升氧化速率。

三、教学方法

1. 问题导入法

在实际氧化工艺中，采用干氧→湿氧→干氧的工艺，既可以在氧化层上下界面形成致密的氧化层，又可以提升氧化速率；可以引导学生思考，如何使用科学的方法，实现质量和效率兼得。

2. 讲授法

热氧化工艺的一般过程：热氧化法包括干氧氧化、水汽氧化和湿氧氧化三种方法。干氧氧化：高温下，氧气直接通向高温氧化炉与硅反应。水汽氧化：在高温下，硅片表面硅原子与高纯水产生的蒸汽反应生成 SiO_2，N_2 作携带气体。湿氧氧化：在高温下，O_2 携带高纯水产生的蒸汽，到达硅片表面与硅原子反应生成 SiO_2。在制备几千 Å 以上厚的二氧化硅膜时，往往采用干氧和湿氧结合的方法进行，既保证了所需的厚度，又改善了表面的完整性，解决了光刻时的浮胶问题，即采用先干氧，然后湿氧，再干氧的制备方式。氧化膜质量评价是氧化工艺的一个关键步骤，氧化层质量一般指厚度、介电常数、折射率、介电强度、缺陷密度等。质量评价需要对上述各项指标的绝对值、其在片内及片间的均匀性进行测量。方法分类：物理测量、光学测量、电学测量。

学生的成长成才之路：在刚进入大学生活时，很多学生都开始思考经过大学的学习后，是考研还是工作；在专业课程的学习时，会选择容易通过的还是能学到更多知识的；在进行工作的选择时，会选择自己喜欢的还是工资高的。生活中充满了选择，然而人的精力是有限的，所以会面临取舍。如果能借鉴氧化工艺中质量和效率可以兼得的方法，采用高效、保质的方法，必然对大学生的成长有所助益。在中国古代的典籍中，也可以找到一些智慧的方法。卞庄子是春秋时鲁国人，非常勇敢，敢同老虎搏斗。一天，山上出现两只老虎，他就提剑上山，要去刺死它们。旅馆的童仆劝阻他道：且慢，那两只老虎，此刻正在争吃一头牛，它们激烈相争的结果，一定是力气较小的老虎要被咬死，力气较大的老虎也要受伤，那时你上山去，同一只受伤老虎搏斗，就容易取胜，而且只要刺死一只伤虎，就可以获得刺死两只猛虎的美名。卞庄子听从了他的话，后来的结果果然如童仆所言。在学习与科研的过程中，我们应当多思考，多了解，多观察，选择最省力、最方便、最正确的方式方法，这样做往往可以事半功倍，一举两得。

3. 总结分析

制备二氧化硅的方法有很多，有费时费力却只能获得很少成果的，也有省时省力且能收获满满的。因此在学习和科研中，选择正确科学的方法往往比只埋头苦干更重要。多去思考、实践、探索、尝试，不要一条路走到黑是我们当代大学生应该在大学学习生活中领悟到的，这样不仅可以提高我们的做事效率，也可以增强我们的思考能力和意识。大学生要立志成为我国所需的高质量人才，为我们祖国半导体事业贡献自己的一份微薄力量。

四、适用范围

1.案例适用的专业

本案例适用于自动化、电气工程、电子科学与技术、计算机科学与技术、电子信息工程、通信工程等专业。

2.案例适用的课程

本案例适用于半导体薄膜技术与物理、半导体物理与器件、半导体物理、半导体器件基础、半导体工艺学等课程。

案例 43
离子溅射——方法促进量变到质变

一、案例

离子溅射是一种物理气相沉积方法。在真空室内通入 $(0.1 \sim 1.0) \times 10^6$ Pa 的惰性气体(如氩),使之在高压下辉光放电,气体离子在强电场作用下轰击膜料制成的阴极靶,使表面的原子被溅射出来,沉积在基体上成膜。

二、思政元素——方法促进量变到质变

离子溅射中磁控溅射法和普通溅射法相比,带电粒子在磁场中运动路径不同,磁控溅射法的带电粒子在磁场中能多次撞击靶材表面产生量变,从而使溅射速率有质的提升。质变的原因是量变,量变的原因则是方法的改变。

三、教学方法

1. 问题导入法

同样是离子溅射法,研究方法的改变导致磁控溅射产生量变,最后到质变。这种思考方式对学习研究又有怎样的帮助呢?

2. 讲授法

(1)基本原理。

离子溅射法是在部分真空的溅射室中辉光放电,产生正的气体离子;在阴

极(靶)和阳极(试样)间电压的加速作用下,荷正电的离子轰击阴极表面,使阴极表面材料原子化;形成的中性原子,从各个方向溅出,射落到试样的表面,于是在试样表面上形成一层均匀的薄膜。

磁控溅射法中电子在电场的作用下,在飞向阳极试样过程中与氩原子发生碰撞,使其电离产生出 Ar 正离子和新的电子;新电子飞向阳极试样,Ar 正离子在电场作用下加速飞向阴极靶,并以高能量轰击靶表面,使靶材发生溅射。在溅射粒子中,中性的靶原子或分子沉积在基片上形成薄膜,而产生的二次电子会受到电场和磁场作用,产生漂移,其运动轨迹近似于一条摆线。若为环形磁场,则电子以近似摆线形式在靶表面做圆周运动,它们的运动路径不仅很长,而且被束缚在靠近靶表面的等离子体区域内,并且在该区域中电离出大量的 Ar 正离子来轰击靶材,从而实现较高的沉积速率。

(2)溅射工艺设备、应用及实例。

常见的溅射工艺设备有离子溅射仪,适用于扫描电子显微镜样品镀覆导电膜(金膜、铂金、银、镍、铜等),是配合各类型扫描电子显微镜制样必备的仪器,广泛应用于集成电路、光子晶体、低维半导体、微生物、超微膜材料等领域。①用于机加工与表面修琢:1972 年,贝利(Bayly)和汤森(Townsend)曾利用离子束溅射在钡铝硅酸盐玻璃板上制作一个面积很大的沟槽(0.75 mm× 11 mm)。玻璃板的厚度只有 25 μm,沟槽深 15 μm,基底平滑。加工结果表明在这块脆性玻璃板上没有产生任何应力。②离子溅射显象术:把离子溅射和扫描电子显微镜结合起来,对一些生物样品进行研究,用氧离子轰击血红细胞时,发现有病变的细胞比正常细胞更耐侵蚀。③离子解析质谱术:Macfarlane 等人在 1974 年利用 Cf 放出的裂变碎块轰击生物样品,可以使生物大分子从表面解吸并电离。根据这一原理制成了重离子解吸质谱装置。

(3)"改变方法"广泛应用于学习研究。

①法拉第受苏格兰传统科学研究方法影响,通过奥斯特实验认为电与磁是一对和谐的对称现象。既然电能生磁,他坚信磁亦能生电。首先他把线圈放在磁铁旁边,再观察电流表,没电。经过长期探索,历经多次失败,后来他改变研究方法,采取用闭合导线切割磁力线,从而产生了感生电流,实现了"磁生电"。②在中国被称为"东亚病夫"的黑暗年代,鲁迅抱着医学救国的热情东渡日本留学。当他从电影中看到中国人被日寇砍头示众,周围却挤满了看到同胞被害而麻木不仁的人群的情景后,内心受到极大的震动,他发现"凡是愚弱的

国民，即使体格如何健全，也只能做毫无意义的示众材料和看客，病死多少也不必以为不幸的"。他毅然改变自己的救国方法，弃医从文，立志用手中的笔来唤醒沉睡的中国民众的灵魂。

3. 总结分析

同为离子溅射法，普通溅射法的沉积速率较低。而磁控溅射法能产生更多的带电粒子去撞击靶材料，进而产生更多的中性靶原子或分子沉积在基片上，从而有效提高溅射速率。而量变产生的原因则是改变了离子溅射的方法，最后产生质变。在学习研究生涯中同样如此，遇到瓶颈时，不妨尝试改变钻研的方法，走不通就换一条路走，最终定能取得进步。

四、适用范围

1. 案例适用的专业

本案例适用于自动化、电气工程、电子科学与技术、计算机科学与技术、电子信息工程、通信工程等专业。

2. 案例适用的课程

本案例适用于半导体薄膜技术与物理、半导体物理与器件、半导体物理、半导体器件基础、半导体工艺学等课程。

案例 44
金属分子高温升华成膜——要主动创造机会

一、案例

真空蒸镀，简称蒸镀，是指在真空条件下，采用一定的加热蒸发方式蒸发镀膜材料（或称膜料）并使之气化，粒子飞至基片表面凝聚成膜的工艺方法。蒸镀是使用较早、用途较广泛的气相沉积技术，具有成膜方法简单、薄膜纯度和致密性高、膜结构和性能独特等优点。

二、思政元素——要主动创造机会

在真空蒸镀的过程中，金属分子在高温下具有很高的内能，从而实现了升华，并沉积成纳米级的薄膜。启迪学生明白没有机会要自己去创造机会，如果没有"高温"环境，就要充分发挥主观能动性创造"高温"环境，机会不是等来的，而是努力争取来的。

三、教学方法

1. 问题导入法

作为一名怀揣着中国梦的中国青年学生，该如何去创造机会实现自己的价值呢？

2. 讲授法

(1)真空蒸镀技术基本知识。真空蒸镀，简称蒸镀，是指在真空条件下，采用一定的加热蒸发方式蒸发镀膜材料(或称膜料)并使之气化，粒子飞至基片表面凝聚成膜的工艺方法。蒸镀是使用较早、用途较广泛的气相沉积技术，具有成膜方法简单、薄膜纯度和致密性高、膜结构和性能独特等优点。蒸镀的物理过程包括：沉积材料蒸发或升华为气态粒子→气态粒子快速从蒸发源向基片表面输送→气态粒子附着在基片表面形核、长大成固体薄膜→薄膜原子重构或产生化学键合。

(2)真空蒸镀关键参数。

①饱和蒸气压(PV)：在一定的温度下，真空室中蒸发材料的蒸气在与固体或液体平衡过程中所表现的压力。饱和蒸气压与温度的关系曲线对于薄膜制作技术有重要意义，它可以帮助我们合理选择蒸发材料和确定蒸发条件。

②真空度：$P \leqslant 10^{-3}$ Pa(保证蒸发，粒子具分子流特征，以直线运动)。

③基片距离（相对于蒸发源）：$10 \sim 50$ cm(兼顾沉积均匀性和气相粒子平均自由程)蒸发出的原子是自由、无碰撞的，沉积速度快。可以根据蒸发原料的质量、蒸发时间、衬底与蒸发源的距离、衬底的倾角、材料的密度等计算薄膜的厚度。

(3)真空蒸镀设备：由真空抽气系统和蒸发室组成。真空抽气系统由(超)高真空泵、低真空泵、排气管道和阀门等组成，还附有冷阱(用以防止油蒸气的返流)和真空测量计等。蒸发室大多用不锈钢制成。在蒸发室内配有真空蒸镀时不可缺少的蒸发源、基片和蒸发空间。此外，还置有控制蒸发原子流的挡板，测量膜厚并用来监控薄膜生长速率的膜厚计，测量蒸发室的真空变化和蒸发时剩余气体压力的(超)高真空计，以及控制薄膜生长形态和结晶性的基片温度调节器等。蒸发源是用来加热膜料使之气化的部件。真空蒸发使用的蒸发源主要有电阻加热、电子束加热、高频感应加热、电弧加热和激光加热五大类。

(4)学生该如何创造机会。进步工人王进喜曾说过："有条件要上，没有条件创造条件也要上。"那时我国石油工业刚刚起步，机械设备落后，条件艰苦无数人不断攻克难关建立了大庆油田，完成了党和人民交给他们的任务和使命。常常有同学发出感慨：如果给我一个机会，我会如何……，但把自己的命运和人生系在一个等来的机会上，可能永远不会成功。没有人会主动给你送来机会，机会也不会主动来到你的身边，只有你自己去主动争取，才有可能成功。成大事者往往是有机会，抓机会，没有机会，创造机会。拿破仑·希尔说："任何人唯一能依靠的'运气'，是他自己创造的'机遇'——这需要坚韧不拔的精神，而固定不变的目标是其起点。"

3. 总结分析

金属分子只有自己去创造机会，在高温中才能得到升华从而积成纳米级的薄膜。而我们和金属分子一样，只有自己去创造机会，去尝试、去失败、去感受，才能找到自己的"高温"，"升华"自己并获得成功。而一个金属分子也远远不能够成膜，只有一群金属分子，齐心协力，才能沉淀成那一层纳米级薄膜；我们中国青年学生和金属分子一样，只有大家一起众志成城，才能在这场时代考试中交出完美答卷，才能完成党和人民交给我们的任务和使命，才能实现大家的梦——中国梦！

四、适用范围

1. 案例适用的专业

本案例适用于自动化、电气工程、电子科学与技术、计算机科学与技术、电子信息工程、通信工程等专业。

2. 案例适用的课程

本案例适用于半导体薄膜技术与物理、半导体物理与器件、半导体物理、半导体器件基础、半导体工艺学等课程。

案例 45
发散思维——将复杂转化为简单

一、案例

化学气相淀积(Chemical Vapor Deposition，CVD)指把含有构成薄膜元素的气态反应剂或液态反应剂的蒸气及反应所需其他气体引入反应室，在衬底表面发生化学反应生成薄膜的过程。在超大规模集成电路中，很多薄膜都是采用CVD方法制备的。

二、思政元素——将复杂转化为简单

薄膜材料制备的方法有多种，异曲同工。对于CVD过程来说，相比真空蒸镀的高温度，CVD可以在相对低温下完成薄膜的沉积，其用激光等方式激发等离子体，填补了低温下能量的不足。一种问题往往会有多种解决方法，这就要求我们学会发散思维，了解问题的本质，做到将复杂的问题简单化。

三、教学方法

1.问题导入法

薄膜材料制备方法多种多样，对于真空蒸镀来说，CVD可以在相对低温下完成薄膜的沉积，可以说CVD技术是真空蒸镀的升级版。那么我们如何做到一问多解，一解更比一解简单呢？

2.讲授法

CVD 的基本概念：通过气态物质的化学反应，在衬底上淀积一层薄膜材料的过程。一般包括三个步骤：产生挥发性物质；将挥发性物质输运到沉淀区；在基体上发生化学反应而生成固态物质。常见 CVD 技术有常压化学气相淀积（APCVD）、低压化学气相淀积（LPCVD）、等离子增强化学气相淀积（PECVD）。随着半导体工艺特征尺寸的减小，对薄膜的均匀性要求及膜厚的误差要求不断提高，出现了低压化学气相淀积（LPCVD）。低压化学气相淀积是指系统工作在较低压强下的一种化学气相淀积方法。LPCVD 技术不仅用于制备硅外延层，还广泛用于各种无定形钝化膜及多晶硅薄膜的淀积，是一种重要的薄膜淀积技术。低压化学气相淀积（LPCVD）的主要特征：由于反应室内压力减少至 10 ~ 1000 Pa，而反应气体、载气体的平均自由行程及扩散常数变大，基板上的膜厚及相对阻抗分布可大为改善，反应气体的消耗亦可减少；反应室成扩散炉型，温度控制最为简便，且装置亦被简化，结果可大幅度改善其可靠性与处理能力（因低气压下，基板容易均匀加热），因此可大量装荷而改善其生产性。CVD 的质量流量控制系统是由质量流量控制器（Mass Flow Controller，MFC）对气体或液体的质量流量进行精密测量和控制的。用户可以根据需要进行流量设定，MFC 自动地将流量恒定在设定值上，即使系统压力有波动或环境温度有变化也不会使其偏离设定值。

薄膜材料制备方法多种多样，例如，蒸镀有工艺简便、纯度高、薄厚可控制的优点，但蒸镀化合物容易产生热分解现象，难以控制组分比；溅射有附着性能好、易于保持化合物、合金的组成比等优点，但需要溅射靶，靶材需要精制，而且利用率低。同一问题的解决方法可以说是多种多样的，就像解决薄膜材料制备的问题一样。生活中，我们解决问题时要学会发散思维，分析问题的本质，将不容易解决的问题变成容易解决的问题，就像真空蒸镀法改进成 CVD 技术一样，抓住问题的核心是原子需要足够的能量激发，可以通过化学反应降低所需的激发能量，也可以通过外加激光来弥补较低温度下能量的不足，换个角度就解决了原先需要高温的问题。

3.总结分析

一种问题的解决方法多种多样。这要求我们学会发散思维，把复杂问题转

化成简单的。就好比薄膜材料的制备，我们可以采用真空蒸镀法，也可以采用
CVD 技术，但 CVD 技术却可以改进真空蒸镀法的高温问题，使它更适合当今
薄膜材料的制备。这就是一种思维发散的结果。

四、适用范围

1. 案例适用的专业

本案例适用于自动化、电气工程、电子科学与技术、计算机科学与技术、
电子信息工程、通信工程等专业。

2. 案例适用的课程

本案例适用于半导体薄膜技术与物理、半导体物理与器件、半导体物理、
半导体器件基础、半导体工艺学等课程。

案例 46
数字集成电路发展现状——激发责任担当

一、案例

现代计算机与通信系统的电子设备中广泛使用了数字信号处理专用集成电路，它们主要用于数字信号传输中必需的滤波、变换、加密、解密、编码、解码、纠检错、压缩和解压缩等操作。这些操作从本质上说都是数学运算，但是又完全可以用计算机来完成。还有一类数字信号处理必须在规定的时间内完成，例如在军用无线通信系统和机载雷达系统中，通常需要对检测到的微弱信号进行增强、加密、编码、压缩，而在接收端必须及时地解压缩、解码和解密并重现清晰的信号。一个通用的计算机系统很难完成这项工作，要设计专用的复杂数字系统。

设计和制造高速的专用复杂数字系统，就必须学习数字电路的基本知识和硬件描述语言。因为现代复杂数字逻辑系统的设计都是借助 EDA 工具完成的，无论电路系统的仿真和综合都需要掌握硬件描述语言。目前最流行的硬件描述语言是 Verilog HDL，其相当于并行版的 C 语言程序。

实际设计中，工程师往往综合使用 C 语言与 Verilog HDL。首先，C 语言很灵活，查错功能强，还可以通过编程语言接口编写自己的系统任务，并直接与硬件仿真器结合使用。其次，C 语言有可靠的编译环境，语法完备，缺陷较少，可应用于很多领域。只有在 C 语言的配合使用下，Verilog 才能更好地发挥作用。

复杂数字系统的设计是一个将思想(即算法)转化为实际数字逻辑电路的过程，常用的方案有四种：第一种，以专用微处理机芯片为中心来完成算法所需的电路系统；第二种，采用合适的 FPGA；第三种，设计专用的大规模集成电路（ASIC）；第四种，利用现成的 IP 核并结合专门设计的高速 ASIC 运算电路。

其中，第二种和第三种是最常见的，在实际设计项目中往往根据成本面积功耗等结合使用。

目前，我国数字集成电路行业人才仍非常匮乏。要成为这一行业的人才，需要对软硬件之间的对应关系有较深的理解，要知道自己写的程序大致可设计出什么效果的硬件电路。很多初学者只学了硬件描述语言的语法，缺乏对应的硬件思维。鉴于此，课程教学体系结构仍需摸索。

基于以上行业发展背景，虽然中国在此领域偏落后，但是依然涌现了像华为这样的代表企业。华为的麒麟手机处理器首次使中国芯片设计，达到了世界一流水准，对其他同类中国企业具有巨大的鼓舞和引领作用。2018 年底，美国对华为实施芯片禁售，非法拘捕孟晚舟，强势打压华为，对福建晋华集成电路制造企业进行技术禁运，阻止中国海外并购半导体企业，我国在集成电路领域遇到了"卡脖子"问题。数字集成电路分析与设计课程是肩负培养我国集成电路人才重任的专业课程，而教师在讲授知识的同时，必须要比以往更为有效地教育引导学生了解中国集成电路的发展历史和现状，要让学生懂得自主创新如果上不去，一味靠技术引进，就难以摆脱跟着别人后面跑、受制于人的局面。

二、思政元素——激发责任担当

结合对国内外数字集成电路行业的介绍，帮助学生理解数字集成电路对中国的重要性，同时了解中国在此领域的发展现状。我国奋起直追，已经取得了很大成就，但是由于起点低，与国外先进水平仍有一定差距。美国与中国打贸易战，重点打击的就是数字集成电路行业，当前中国在此领域人才供应不足，将影响自主发展。以当前形势激发学生报效祖国，投身中国数字集成电路行业的热情。

三、教学方法

1.问题导入法

在华为的海思分公司成功设计出手机上的麒麟处理器之前，中国在数字集成电路设计领域与国外的差距很大，并且有越来越大的趋势。麒麟处理器的出现标志着中国首次在此领域达到了世界一流水平，大大地鼓舞了领域内其他企业。然而，美国察觉到这一趋势，在与中国的贸易战中重点打击华为。以近几年的国际形势激发学生的爱国热情，使他们树立志向，积极为中国数字集成电路行业出力。

2. 讲授法和多媒体法

结合多媒体的展示，讲解数字集成电路行业及需要什么样的人才。

3. 总结

目前，自主发展集成电路是中国的卡脖子问题。在中美贸易战背景下，引领学生刻苦学习，努力实现关键技术重大突破，把关键技术掌握在自己手里，强化学生振兴中华、建设中国集成电路的事业心和责任感，激发学生科技报国的家国情怀和使命担当。

四、适用范围

1. 案例适用的专业

本案例适用于自动化、电气工程、电子科学与技术、计算机科学与技术、电子信息工程、通信工程等专业。

2. 案例适用的课程

本案例适用于数字集成电路分析与设计、数字电子技术、电工电子技术、计算机文化基础等课程。

案例 47
FPGA 发展现状——激发爱国情怀

一、案例

　　数字集成电路设计的通用流行硬件描述语言是 Verilog HDL，设计类型主要有全定制的 ASIC 和半定制的 FPGA。FPGA，现场可编程门阵列（field-programmable gate array），是基于通用逻辑电路阵列的集成电路芯片，其最大的特点是芯片的具体功能是在制造完成以后由用户配置决定的，因此得名"现场可编程"。用户配置通过 FPGA 专用 EDA 软件实现，软件接受用硬件描述语言描述的用户功能，编译生成二进制位流数据，最后将位流下载到芯片中实现用户描述的功能。

　　人工智能领域作为加速计算的分支，同样要求低延时性和并行性，FPGA 在人工智能领域有高处理效率和灵活性的优势，与 ASIC 等其他竞品相比，FPGA 灵活性更强、系统扩展性较好、并行运算加速表现出色，且 FPGA 产品的开发周期相对较短，又能够与 CPU 搭配起到加速卡的作用，在相同性能下比 GPU 的单位能耗低，因此 FPGA 在人工智能领域是更优选择。目前，"CPU+FPGA+AI"或者"CPU+FPGA+GPU"融合架构的 PSoC 芯片兼具了 SoC 的灵活性和通用性、FPGA 的硬件可编程性以及专用 AI 加速核或 GPU 的高效性，有极好的能效加成，因而逐渐成为主流发展趋势。

　　FPGA 芯片适用性强，下游应用广泛，通信和工业为其主要应用领域。数据显示，2020 年通信领域和工业领域占据了 FPGA 73% 的应用市场，其中通信领域应用最广，主要得益于 FPGA 内部结构特点可以实现分布式的算法结构，在无线通信中的高速数字信号处理十分有益，可以有效地实现大量滤波运算的乘和累加操作。

虽然集成电路全球化分工日益严重，在中美半导体领域竞争持续加剧的背景下，我国集成电路技术突破受到美国的持续封锁，为避免像中芯国际和华为等先进制程突破受影响，集成电路产业链整体国产化是我国集成电路突破封锁的关键。我国集成电路国产化进程持续加速，逻辑电路作为集成电路产品关键领域受益快速突破，而 FPGA 相较 CPU 和 GPU 技术要求相对较低，国产化速度更快。

随着下游通信和工业领域需求稳步发展，新兴领域如汽车电子等高速扩张，我国 FPGA 芯片市场规模整体快速增长，数据显示 2020 年我国 FPGA 芯片市场规模达 150.3 亿元，同比 2019 年增长 16%。就趋势而言，随着 5G 基站和 AI 领域持续发展，FPGA 有望受益持续高增速发展。

不同 FPGA 工艺节点对应不同的主流应用场景，国际第一大 FPGA 厂商赛灵思(Xilinx，现被 AMD 收购)将 28 nm 以上制程产品均定义为先进产品，目前国内能够实现 28 nm 工艺节点 FPGA 量产的公司较少，市场的主要份额仍由赛灵思等行业龙头占领。目前所有国产厂商在国内市场的营收份额占比很少，而复旦微电子是国内首家研发出 28 nm FPGA 产品的公司。

2020 年，全球 FPGA 市场被赛灵思和英特尔(Intel)合计占有率高达 83%，再加上 Lattice 和 Microchip 合计 13%的市场份额，前四家美国公司即占据了全世界 96%以上的 FPGA 供应市场；在硬件设计和高端的 EDA 软件设计上美国公司都形成了极强的技术封锁。国内主要的 FPGA 企业为安路科技、复旦微电子、成都华微、紫光同创等，其中 FPGA 占国内市场份额的 6%左右。

赛灵思、Microchip、Lattice 均为全球领先的 FPGA 企业，赛灵思作为全球 FPGA 龙头，主流制程已从 28 nm 工艺制程的芯片产品向 16 nm 的 Ultrascale+系列聚集，并在 7 nm 工艺制程上推出了量产 Versal 芯片产品，技术领先全球，毛利水平最高，虽然近年产业竞争加剧背景下小幅度下降，仍在 65%以上；莱迪斯半导体(Lattice)主要产品包括通用型 FPGA、视频桥接 FPGA 等，毛利水平略低于赛灵思；微芯科技从事 FPGA 业务的子公司 Microsemi 专注于高性能模拟和混合信号集成电路及高可靠性半导体设计、制造，毛利水平略高于莱迪斯。我国的安路科技虽然在技术水平方面仍有差距，但其在国内市场具有成本和竞争优势，毛利水平可达同一水平。

安路科技的 28 nm 制程 FPGA 已经量产，安路科技是国内首批具有 28 nm

FPGA 芯片设计和量产能力的企业，且已开展 FinFET 工艺产品预研工作。复旦微电子在 2018 年推出了采用 28 nm 制程工艺的亿门级 FPGA 产品，其 SerDes 传输速率最高达 13.1 Gbps，已向国内数百家客户发货。紫光同创的 Titan 系列（40 nm）、Logos 系列（40 nm）均实现了量产与商业化，采用 28 nm 制程的千万门级（4000 万）FPGA 量产工作也在推进过程当中。

2021 年，安路科技 FPGA 整年营收 6.79 亿元，同比 2020 年增长 141.44%，其中 FPGA 产品营收占比 95%左右，安路科技 FPGA 产品可分为 EAGLE 系列、ELF 系列和 PHOENIX 系列，其中前两种价格较低，价格在 14~17 元/颗，整体销量较高，PHOENIX 系列面向高性能可编程逻辑市场，销量相对较低，价格在 170 元/颗左右。

随着 5G 时代通信设施的部署、汽车辅助驾驶技术的成熟、不断增长的数据中心需求、人工智能领域的开拓创新，以及要求的高速率、超精密的技术，28 nm、14 nm、16 nm 工艺制程 FPGA 将获得更大的市场空间。

我国半导体整体发展较晚，高端芯片设计研发人才、设备、材料皆相对落后，而集成电路设计领域高端设计人才是技术突破的核心，目前国内头部企业如紫光同创和复旦微电子背靠国内优秀大学，具备较强的人才资源优势，应借此填补高端人才劣势，加速发展国内相关产业的头部企业。

综上所述，选择 FPGA 作为未来的工作发展方向是符合目前国际形势和半导体科技潮流趋势的。

二、思政元素——激发爱国情怀

教师在讲述 Verilog 的基本知识和语法过程中，介绍国内外 FPGA 领域的发展现状，使学生认识到国产 FPGA 与世界先进水平的差距，FPGA 国产化刻不容缓。以此案例激发学生的爱国情怀，鼓励学生进入 FPGA 领域。

三、教学方法

1.问题导入法

目前，人工智能对算法加速的研究热度"带热"了 FPGA 领域。国产的

FPGA 产品与世界最先进产品仍然有大差距，如何在中美争端的国际环境下加速中国 FPGA 的发展是中国数字集成电路行业的热点之一。

2. 讲授法和多媒体法

运用多媒体，讲解 Verilog 的基本知识和 Verilog 语法的基本概念。

3. 总结

本案例将 FPGA 基本知识和中美当前政治环境有机结合起来，突出 FPGA 国产化自主发展的重要性，从而切入相应思政点。

四、适用范围

1. 案例适用的专业

本案例适用于自动化、电气工程、电子科学与技术、计算机科学与技术、电子信息工程、通信工程等专业。

2. 案例适用的课程

本案例适用于数字集成电路分析与设计、数字电子技术、电工电子技术、计算机文化基础等课程。

案例 48
同步状态机的设计方法和思想——培养科学思维

一、案例

由于寄存器传输级(RTL)描述的是以时序逻辑抽象所得到的有限状态机为依据,所以将一个时序逻辑抽象成一个同步有限状态机是设计可综合风格的 Verilog HDL 模块的关键。

状态寄存器是由一组触发器组成的,用来记忆状态机当前所处的状态。所有触发器的时钟端都连接在一个共同的时钟信号上,所以状态的改变只可能发生在时钟的跳变沿上。可能发生的状态改变由正跳变还是由负跳变触发,取决于触发器的类型。状态是否改变、怎样改变还将取决于产生下一状态的组合逻辑。现代电路设计常用正跳变沿触发的 D 触发器,特别是在可编程逻辑器件上实现的用综合工具自动生成的状态机,其电路结构往往都是使用正跳变沿触发的 D 触发器。

如果时序逻辑的输出不但取决于状态还取决于输入,则称之为 Mealy 状态机。而有些时序逻辑电路的输出只取决于当前状态,这样的电路被称为 Moore 状态机。很明显,这两种电路结构除了在输出电路部分有些不同外,其他地方都是相同的。在实际设计工作中,其实大部分状态机都属于 Mealy 状态机,因为状态机的输出中或多或少有几个属于 Mealy 类型的输出,输出不但与当前状态有关,还与输入有关;还有几个输出属于 Moore 类型的,只与当前的状态有关。

有限状态机设计的一般步骤:

(1)逻辑抽象,得出状态转换图。就是把给出的一个实际逻辑关系表示为时序逻辑函数，可以用状态转换表来描述，也可以用状态转化图来描述。

（2）状态化简。如果在状态转换图中出现这样两个状态，它们在相同的输入下转换到同一状态，并得到一样的输出，则称为等价状态。显然等价状态是重复的，可以合并为一个。电路的状态数越少，存储电路也就越简单。状态化简的目的在于将等价状态尽可能地合并，以得到最简的状态转换图。

（3）状态分配。状态分配又称状态编码。编码方法有很多，编码方案选择得当，设计的电路可以简单，反之，选得不好，则设计的电路就会复杂许多。在实际设计时，需综合考虑电路复杂度和电路性能之间的折中。在触发器资源丰富的 FPGA 或 ASIC 设计中，采用独热编码既可以使电路性能得到保证，又可充分利用其触发器数量多的优势，用输出编码的状态指定来简化电路结构，并提高状态机的运行速度。

（4）选定触发器的类型并求出状态方程、驱动方程和输出方程。

（5）按照方程得出逻辑图。用 Verilog HDL 来描述有限状态机，可以充分发挥硬件描述语言的抽象建模能力，使用 always 块语句和 case（if）等条件语句及赋值语句即可方便实现。具体的逻辑化简、逻辑电路到触发器映射均可由计算机自动完成。

上述同步有限状态机背后的设计思想同样可应用于生活中。理论上，只要不厌其烦地画状态图，一个人的一生可以用一个复杂无比的有限状态机来表示。因此，我们可以将有限状态机的设计思想用于学习工作中，时刻像下棋复盘一样审视自己的生活状态，从而大幅提升学习和工作效率。

二、思政元素——培养科学思维

教师讲解同步状态机的原理、结构和设计步骤，让学生理解为何通过同步状态机设计 Verilog HDL 程序效率较高，引领学生将此科学思维推广到学习和工作，利用状态机的设计思想来提升效率。

三、教学方法

1. 问题导入法

如何将时序逻辑设计成可综合风格的 Verilog HDL 模块？我们需要合理地将其抽象成一个同步有限状态机，该状态机使用最少的状态数涵括时序逻辑中所有变化的信息。

2. 讲授法和多媒体法

运用多媒体，讲解同步状态机的原理、结构和设计。

3. 总结

本案例将同步状态机的基本知识与实际生活中的学习工作类比，可以将学习、工作抽象为状态机来高效率地执行，显示背后的科学思维，从而引出相应思政元素。

四、适用范围

1. 案例适用的专业

本案例适用于自动化、电气工程、电子科学与技术、计算机科学与技术、电子信息工程、通信工程等专业。

2. 案例适用的课程

本案例适用于数字集成电路分析与设计、数字电子技术、电工电子技术、计算机文化基础等课程。

案例 49
EDA 行业发展现状——培养软硬件协同思维

一、案例

设计较复杂的时序逻辑电路，例如本章中的序列检测器和并行数据流转换为一种特殊串行数据流，都需要在相应的 EDA 软件上编程、仿真、综合和后仿真通过测试。EDA 即电子设计自动化，是指利用计算机辅助设计(CAD)软件，来完成超大规模集成电路(VLSI)芯片的功能设计、综合、验证、物理设计(包括布局、布线、版图、设计规则检查等)等流程的设计方式。EDA 能够大幅减少研发人员工作量，极大提升集成电路设计效率，缩短周期并且节约成本。

从集成电路设计和制造流程、关键环节及相应 EDA 支撑关系来看，EDA 工具可以分为制造类 EDA 工具和设计类 EDA 工具。制造类 EDA 又可以进一步按照工艺平台开发和晶圆设计阶段分类，设计类 EDA 工具则可以进一步按照电路类型和设计应用分类。

全球 EDA 行业发展历经计算机辅助设计(广义 CAD)、计算机辅助工程(广义 CAE)、电子设计自动化(EDA)三个时代。21 世纪后，EDA 技术快速发展，软件效率显著提升，仿真验证和设计两个层面的 EDA 软件工具功能更加强大，更大规模的可编程逻辑器件不断推出，系统级、行为级硬件描述语言趋于更加高效和简单。

EDA 连接了集成电路设计、制造和封测环节，产业链上游包括硬件设备、操作系统、开发工具及其他辅助性软件等，中游为各类 EDA 工具的开发，下游包括集成电路设计、制造和封测相关厂商。

EDA 行业的发展和集成电路行业高度关联：集成电路制程提升拉动 EDA 技术迭代升级，EDA 技术升级推动集成电路更新换代，两者形成双向正循环。据世界半导体贸易统计协会（WSTS）数据显示，全球集成电路行业市场规模呈波动增长态势，2021 年市场规模达 4630 亿美元，同比增速为 28.18%，达到 2015 年以来的最高值。

EDA 工具是集成电路产业的"咽喉"，对行业生产效率、产品技术水平有重要影响。随着集成电路产业的快速发展，集成电路的设计规模、复杂度、工艺先进性等不断提升，EDA 工具的重要性不断凸显。据中国半导体行业协会数据显示，2021 年我国集成电路市场规模突破 1 万亿元，达到 10458 亿元，同比增长 18.2%。

国家政策大力扶持 EDA 行业发展，加快攻破集成电路行业的"卡脖子"技术。当前国际形势下，工业生产的独立、安全、自主上升到国家安全层面。近年来，我国陆续出台了大批鼓励性、支持性政策，加速 EDA 工具软件的进口替代，加快攻克重要集成电路领域的"卡脖子"技术，有效突破产业瓶颈，牢牢把握创新发展主动权。

EDA 行业占整个集成电路行业市场规模的比例虽然较小，但以百亿美元左右规模体量，支撑和影响着数千亿美元的集成电路行业。受益于先进工艺的技术迭代和众多下游领域需求的驱动，全球 EDA 市场规模呈现出稳定增长态势，行业持续高景气。据统计，全球 EDA 市场规模从 2012 年的 65.36 亿美元持续增长至 2021 年的 132.75 亿美元，年复合增速为 8.2%。

分产品看，全球 EDA 产品以 SIP、CAE、IC 物理设计和验证为主，2021 年的市场规模分别为 50.1 亿美元、41.1 亿美元、25 亿美元，依次占比 38%、31% 和 19%。

分地区看，全球 EDA 市场主要分布在美洲、亚太地区（除日本），以及欧洲、中东和非洲等地，2021 年的市场规模分别为 57.2 亿美元、47.8 亿美元、18 亿美元，依次占比 43%、36% 和 14%。

数据显示，2016—2020 年，我国 EDA 市场规模由 57.4 亿元增长至 93.1 亿元，其中 CAGR 占比为 12.85%，2021 年市场规模超过 100 亿元。

EDA 软件开发研究的周期长，投入与产出比率低，行业整体薪酬偏低，导致本土人才流失严重。数据显示，2020 年我国 EDA 行业仅有 4400 余名人才，其中一半以上就职于外资企业。

　　中国 EDA 行业起步较晚，与国际 EDA 厂商相比，落后数十年，仍处于起步阶段。在国家政策的推动下，EDA 企业发展迅速，国内 EDA 厂商的营收和利润增速远超国际 EDA 厂商，快于行业平均增速，其市场份额也在持续提升。

　　未来，EDA 软件逐步实现国产化是必然需求，除实现 EDA 产品在更多应用领域全流程覆盖、进一步提高 EDA 工具可支持的先进工艺制程、突破关键环节的核心 EDA 工具，国内企业或还需利用"后摩尔定律时代"造成的先进工艺技术继续突破的难度激增、设计和制造复杂度和风险的大幅提升提出的新挑战和要求，进一步提升设计方法学，并利用人工智能、云计算等先进技术等进行赋能，综合提高自动化程度和工作效率。

　　综上所述，工欲善其事，必先利其器，发展自主的 EDA 工具是未来国家政策大势所趋，是解决中美争端中集成电路被"卡脖子"的关键一环。数字集成电路设计，不仅要学设计，还得了解做设计的 EDA 工具的发展现状和趋势。

二、思政元素——培养软硬件协同思维

　　在设计较复杂时序逻辑电路中，传统的纯硬件人工或手工设计已力不从心，必须发展一套对应的电子设计自动化即 EDA 软件工具来协同硬件做设计，培养学生在解决复杂问题时的软硬件协同思维。

三、教学方法

1. 问题导入法

　　设计较复杂时序逻辑电路必须用到 EDA 工具软件，我国在数字集成电路设计领域的自主 EDA 工具研发起步非常晚，导致国内外差距巨大。EDA 工具是如何一步步发展到如今形态的？借鉴行业的过去历史经验，对我国发展自主 EDA 工具具有重要作用。

2. 讲授法和多媒体法

　　运用多媒体，讲解较复杂时序逻辑电路设计实践。

3. 总结

在讲解两个较复杂时序逻辑电路设计实践时，介绍国内外 EDA 工具的发展现状，让学生了解数字集成电路设计广泛采用的 EDA 工具的起源和国内外差距，使学生正视目前中国在这方面的短板，鼓励学生奋起直追。

四、适用范围

1. 案例适用的专业

本案例适用于自动化、电气工程、电子科学与技术、计算机科学与技术、电子信息工程、通信工程等专业。

2. 案例适用的课程

本案例适用于数字集成电路分析与设计、数字电子技术、电工电子技术、计算机文化基础等课程。

案例 50
集成电路制造——夯实基础迎接挑战

一、案例

复杂时序逻辑电路设计实践中主要讲解了二进制 I²C CMOS 串行 EEPROM 的设计，它是芯片内的重要部件，在完全设计好之后还需将其制造出来，这里涉及集成电路制造领域。

回首集成电路制造业，"十三五"期间，中国整个产业的销售额到 2020 年已经达到了 8848 亿元。其中制造业近年保持着 23% 的增长率，在 2020 年营收达到了 2560 亿元。制造业在全行业的占比逐年提高，在全国同业总值中所占比重为 28.9%，在全球同业中的比重达 19.9%。

从"十三五"期间中国集成电路晶圆制造业前十大企业及分布情况上看，2016—2020 年，内资企业占比从 44% 下降到了 27.7%，外资企业从原来的 49.1% 的占比达到了 61.3%。这意味着行业在增长，内资企业的制造也在增长，但是制造增长速度远远低于外资企业。这是值得关注的一个现象。

中国大陆集成电路制造业在全行业的占比也在逐年提高，2020 年达到 28.9%，在全球同业中的比重达到 19.9%，这是中国之前制定的到 2025 年要达到的目标，早期在全球的占比还不到 5%，所以这是一个很大的进展。

从产业链的角度来看，"十三五"期间，制造业的技术得益于国家科技重大专项的支持，相关技术节点在持续向前推进，早期布局的一系列特色工艺使现在的市场竞争力在大幅度提升，因为产品种类在丰富，品质在提高，也已经开始具备一定的国际竞争力。同时，中国的主流工艺也随着新的工艺品种、品类的开发挖掘在提高，市场竞争力也在逐步提升。特色工艺和逻辑工艺同时提升"两条腿走路"战略已成为中国半导体业内的共识。

供应链方面，近年制造业的发力使我国装备、材料迎来巨大发展机遇和空间，本土零部件的配套能力正逐步完成。2020 年，中国半导体设备销售收入达到 242.9 亿元，同比增长 38.7%，其中 IC 设备销售收入 107 亿元，同比增长 48.6%。2021 年上半年半导体设备销售收入达到 128.78 亿元，同比增长 53.0%，其中 IC 设备销售收入 58.97 亿元，同比增加 123.7%。中国半导体设备销售收入将在 IC 设备和 PV 设备的市场推动下保持持续增长。

在材料方面，集成电路材料品类细分可达 2000 多种，大类可分为 8~9 类。目前，我国集成电路材料销售收入已经达到 388 亿元，本土半导体材料销售收入大概市场占比达 38%。从 2020 年材料销售收入结构来看，硅材料占比最高达 40.2%，电子气体也是一个值得注意的方面，这部分占比为 28.6%。中国的 CMP 抛光材料，尤其是光刻胶、光掩膜占比非常小。

过去十几年，本土装备和材料业蓬勃发展，辐射带动泛半导体产业发展成效显著，本土的装备、材料使中国具备成道的工艺能力，建造成本大幅下降，推动了我国集成电路行业全球竞争力大幅度提升。

虽然中国集成电路制造在过去有了巨大进步，但现实情况离设定的目标还有很大距离。从摩尔定律逐渐失效来说，在技术上摆脱路径依赖才是出路：

(1)尺寸微缩仍将持续到 2030 年后，对物理极限的接近将导致技术难度剧增，也将倒逼"路径创新"，给 FDSOI 等技术带来机遇；

(2)集成方法从平面到三维将成为技术演进的新途径，功能融合趋势将拓展出新空间；

(3)架构创新、电子设计工具(EDA)智能化、硬件开源化等技术创新成为新焦点。

综上所述，发展中国自主的集成电路制造先进制程是未来大势所趋。数字集成电路专业的学生不仅要学会设计，还得了解集成电路制造的背景知识，唯有夯实基础，才能迎接挑战、抓住机遇。

二、思政元素——夯实基础迎接挑战

除了讲解二进制 I^2C CMOS 串行 EEPROM 的设计，还延伸介绍了国内外

EEPROM 存储芯片产业现状。国内 EEPROM 存储芯片设计水平不低，瓶颈在于制造高性能 EEPROM 存储芯片的集成电路先进工艺。相比芯片设计，中国更应在集成电路制造工艺短板上夯实基础，迎接挑战。

三、教学方法

1. 问题导入法

复杂时序逻辑电路被设计并通过所有测试后，要选定合适的工艺被制造出来，成为具体的硬件电路才有意义。中国目前最先进的集成电路制造还处于 14 nm，与台积电和三星的 5 nm 有三代差距。

2. 讲授法和多媒体法

运用多媒体，讲解复杂时序逻辑电路设计实践。

3. 总结

本案例从二进制 I^2C CMOS 串行 EEPROM 设计开始，授课过程中延伸介绍中国在制造高性能 EEPROM 存储芯片的集成电路先进工艺的不足，体现国内自主发展集成电路先进制造工艺的迫切性，引入相应思政元素。

四、适用范围

1. 案例适用的专业

本案例适用于自动化、电气工程、电子科学与技术、计算机科学与技术、电子信息工程、通信工程等专业。

2. 案例适用的课程

本案例适用于数字集成电路分析与设计、数字电子技术、电工电子技术、计算机文化基础等课程。

案例 51
RISC-V 架构的兴起——积极弯道超车

一、案例

RISC 即精简指令集计算机，reduced instruction set computer 的缩写。它是一种 20 世纪 80 年代才出现的 CPU，与一般的 CPU 相比不仅简化了指令系统，而且还通过简化指令系统使计算机的结构更加简单合理，从而提高了运算速度。从实现的途径看，RISC_CPU 与一般 CPU 的不同之处在于：它的时序控制信号形成部件是用硬布线逻辑实现的，而不是采用程序控制的方式。所谓硬布线逻辑也就是用触发器和逻辑门直接连线所构成的状态机和组合逻辑，故产生控制序列的速度比用程序控制方式快得多，因为这样做省去了读取微指令的时间。RISC_CPU 至少应包括算术逻辑运算部件、累加器、程序计数器、指令寄存器和译码器、时序和控制部件。

RISC_CPU 是一个复杂的数字逻辑电路，但是它的基本部件的逻辑并不复杂，可将它分成 8 个基本部件来考虑：时钟发生器、指令寄存器、累加器、算术逻辑运算单元、数据控制器、状态控制器、程序计数器和地址多路器。时钟发生器利用外来时钟信号生成一系列时钟信号并送往 CPU 的其他部件；指令寄存器用于寄存指令；累加器用于存放当前的结果；算术运算器根据输入的 8 种不同操作码分别实现相应的基本操作运算，利用几种基本运算可以实现很多种其他运算及逻辑判断等操作；数据控制器的作用是控制累加器的数据输出，数据总线是各种操作时传送数据的公共通道，不同情况下传送不同的内容；地址多路器用于选择输出的地址是程序计数地址或数据/端口地址；程序计数器用于提供指令地址，以便读取指令；状态控制器用于产生一系列控制信号，启动或停止某些部件。

　　一个微机系统为了完成自身的功能，需要 CPU 执行许多操作。RISC_CPU 的主要操作有系统的复位和启动操作、总线读操作、总线写操作。

　　RISC_CPU 是 8 位微处理器，一律采用直接寻址方式，即数据总是放在存储器中，寻址单元的地址由指令直接给出，这是最简单的寻址方式。

　　设计好 RISC_CPU 后，还需要对其进行模块调试。首先，为了对所设计的 RISC_CPU 模块进行验证，需要将 RISC_CPU 包装在一个模块下，除此之外还需要建立一些必要的外围器件模型，例如储存程序用的 ROM 模型、储存数据用的 RAM 和地址译码器等。其次，在对 RISC_CPU 模型进行验证后，如没有发现问题就可开始综合。最后，进行综合后的布局布线，以便生成实际电路和连接线带延迟的行为模型，布局布线成功后再进行布局布线后仿真。

　　上述内容是如何设计一个 RISC_CPU 的例子，RISC 仍然在持续发展。美国加州大学伯克利分校团队于 2010 年研发出 RISC-V 指令集，到 2015 年全球 RISC-V 基金会正式成立，再到 2018 年中国 RISC-V 产业联盟成立，一直到今天 RISC-V 完成了核心累计出货超百亿颗的目标，RISC-V 的高速发展是有目共睹的。

　　2019 年 6 月，市场调研机构 Semico Research 曾发布一份关于 RISC-V 的调查报告，数据显示，预计到 2025 年，采用 RISC-V 架构的芯片数量将增至 624 亿颗，2018 年至 2025 年的年复合增长率高达 146%。在当前的大环境下，RISC-V 架构对中国芯片发展有着重要意义，被认为是国产芯片实现自主可控的新机遇，中国工程院院士倪光南对 RISC-V 在中国的发展尤其看好，他受邀在 2022 RISC-V 中国峰会发表致辞。因为世界上流行的其他两大类 CPU 架构 X86 和 ARM，国外耕耘了太多年，护城河极大，中国想要赶上太困难。国内外在 RISC-V 架构上的起点差距不大，有利于中国在 CPU 领域奋起直追，实现弯道超车。所以，任何有志于从事数字集成电路行业的学生，都可以考虑为中国 RISC-V CPU 领域添砖加瓦。

二、思政元素——积极弯道超车

　　以一个简化的 RISC_CPU 设计为例，结合对 RISC_CPU 的后续 RISC-V CPU 领域国内外的发展现状介绍，帮助学生了解国外的 RISC-V CPU 也如中国一样才刚起步，让学生认识到机遇与挑战并存。中国想要在 CPU 领域弯道超车，RISC-V CPU 是目前唯一的赛道，以此鼓励学生致力于中国 RISC-V CPU 领域的发展。

三、教学方法

1. 问题导入法

目前，世界上流行的 CPU 架构主要有 X86、ARM 和 RISC-V 三大类。X86 是用于桌面 PC 的 CPU，ARM 是用于手机上的 CPU 和嵌入式 CPU，RISC-V 是完全开源的正在兴起的架构。对中国 CPU 领域发展来说，RISC-V 是一条实现弯道超车的绝佳赛道。

2. 讲授法和多媒体法

结合多媒体讲解简化的 RISC_CPU 设计。

3. 总结

本案例从一个简化的 RISC_CPU 设计开始，讲授过程中延伸到最近几年开始兴起的 RISC-V CPU，凸显出 RISC-V CPU 领域机遇与挑战并存。

四、适用范围

1. 案例适用的专业

本案例适用于自动化、电气工程、电子科学与技术、计算机科学与技术、电子信息工程、通信工程等专业。

2. 案例适用的课程

本案例适用于数字集成电路分析与设计、数字电子技术、电工电子技术、计算机文化基础等课程。

案例 52
封装测试——一片初"芯"砥砺前行

一、案例

集成电路产业链是指以电路设计为主导，由电路设计公司设计出集成电路，然后委托芯片制造厂生产晶圆，再委托封装厂进行集成电路封装及测试，然后销售给电子整机产品生产企业。

后摩尔时代集成电路若想继续满足电路的高性能和特殊功能需求，除了通过工艺缩小 CMOS 器件尺寸、探索新材料和电路新结构的方法，最可能通过改变封装方式来提高集成电路容纳性：以系统级封装（SiP）为代表的功能多样化道路是半导体技术发展的新方向，要着眼于增加系统集成的多种功能，而不是过去一直追求的缩小特征尺寸和提高器件密度。

封装是集成电路制造的后道工艺，集成电路封装是把通过测试的晶圆进一步加工得到独立芯片的过程，目的是为芯片的触点加上可与外界电路连接的功能，如加上引脚，使之可以与外部电路如 PCB 板连接。同时，封装能够为芯片加上一个"保护壳"，防止芯片受到物理或化学损坏。在封装环节结束后的测试环节会针对芯片进行电气功能的确认。在集成电路的生产过程中封装与测试多处在同一个环节，即封装测试过程。

近些年来，在国家政策扶持及市场应用带动下，中国集成电路产业保持快速增长，继续保持增速全球领先的势头。受此带动，在国内集成电路产业发展中，集成电路设计业始终是最具发展活力的领域，增长也最为迅速。根据中国半导体行业协会统计，2015—2021 年，我国集成电路设计市场销售收入呈逐年增长趋势。2021 年我国集成电路设计市场销售规模为 4519 亿元，较 2020 年同比增长 19.6%。

而在集成电路制造行业，由于产业逐渐走向成熟，需求趋于稳定，且我国集成电路行业正在朝着更核心的集成电路设计方向发展，集成电路制造行业增长率有所下降。2021 年我国集成电路制造行业市场规模为 3176.3 亿元，较 2020 年同比增长 24.1%。集成电路设计、制造规模的快速增长，必将推动封测产业发展。

从目前全球封装测试产业的分布来看，主要集中在亚太地区，并且近年来行业前三厂商市场占有率超过了 50%，行业集中度很高。中国 IC 封装市场起步晚，但增速快，行业规模近年来占全球的比例也在不断上升。

随着半导体制程工艺瓶颈，以及芯片架构优化的限制，未来几年处理器性能的发展将逐步减慢，摩尔定律也将逐渐失效。高端封装技术有利于提高芯片性能，而站在整个产业角度上看，芯片性能的提升又会促进计算机、IT 产业的发展，从而间接地为芯片设计、制造、封测技术突破带来更多可能。封装行业发展将带动产业正向循环，意义重大，行业具有十分广阔的发展前景。

综上所述，封装测试应该是集成电路产业中中国与国外差距最小的领域，国家必须出台有关政策保证相对优势的领域实现高速发展。

二、思政元素——一片初"芯"砥砺前行

本案例介绍了集成电路封装测试的国内外发展现状和趋势，让学生了解到中国在封装测试领域有一定话语权。封装测试是一条发展势头良好的赛道，我们必须坚持初"芯"，奋发图强，才能在集成电路行业成为领路者。

三、教学方法

1. 问题导入法

一个 RISC_CPU 被设计并制造出来后，并非完整的产品，还需要经过封装测试来保证其功能良好。设计和制造工艺越来越复杂，集成电路产业发展逐渐进入瓶颈期，而封装测试的重要性日益凸显。

2. 讲授法和多媒体法

结合多媒体讲解简化的 RISC_CPU 设计。

3. 总结

本案例在讲解简化的 RISC_CPU 设计过程中，延伸介绍了设计好之后的 CPU 需要被制造出来，最后进行封装测试。中国目前在集成电路封装测试领域的发展比设计更好，更应在此领域砥砺前行。

四、适用范围

1. 案例适用的专业

本案例适用于自动化、电气工程、电子科学与技术、计算机科学与技术、电子信息工程、通信工程等专业。

2. 案例适用的课程

本案例适用于数字集成电路分析与设计、数字电子技术、电工电子技术、计算机文化基础等课程。

案例 53
IP 开发——培养可复用思维

一、案例

在现代数字系统芯片设计制造技术中最重要的问题是，采取什么手段能确保如此复杂的系统设计能赶上瞬息万变的市场变化和实现逻辑设计的精确，并提高一次流片的成功率，以降低设计和制造成本。商业化的软核和硬核、宏单元、虚拟器件和接口的应用普及，大大提高了设计、制造效率，降低了设计和生产成本。

宏组件或核是预先设计好的，由总数超过 5000 个门构成的一体化电路模块，其功能是经过验证的，这个模块可以是以软件为基础的，也可以是以硬件为基础的，这种具有知识产权的模块在集成电路行业常被称为 IP，IP 通常分为设计 IP 和验证 IP。在美国等电子工业先进的国家，各种微处理器芯片、通用串行接口芯片、中断控制器、并行输入输出接口、直接存储器存取、数字信号处理器、SDRAM、NAND Flash、USB 控制器及 PCI 总线控制接口等都有其相对应的商品化的软/硬设计 IP 和验证 IP 可供选用。近年来，在现代数字系统设计领域中，发展最快的就是提供虚拟器件和虚拟接口模型设计和服务的部门。

中国复杂芯片的设计工作开展较晚，经费也比较少，目前很多公司还不能及时得到商业化的虚拟模块和接口，我们有必要自己设计虚拟接口模型。

推广商业化 IP 模块的编写，普及 IP 重用技术，推广基于平台的设计方法学，有利于提高我国微电子产品的档次，降低设计成本。在 IP 模块的编写中对接口指标的描述和处理特别重要。只有对这一点有深刻的理解才可能编写出有实用价值的硬核虚拟模块和 RTL 级的软核模块。

目前，我国半导体设计受限于 EDA，且 IP 领域国产化水平较低，导致设计成本高昂且高端领域难以涉及。美国已宣布禁止中国使用 EDA 软件，进一步限制了国内先进制程的突破，半导体全产业链国产化已逐步成为最佳选择。IP 作为半导体设计降低成本和快速扩张的关键基础建设，国产化将加速替代，相关企业将受益快速增长。本案例将 IP 开发相关知识点与国际形势、国家政策结合起来，引导学生进入中国数字集成电路行业的 IP 开发领域。

二、思政元素——培养可复用思维

结合对国内外 IP 开发领域发展现状的介绍，指出 IP 开发背后最重要的是模块标准化复用的思维，只有这样，日益复杂的集成电路设计才能进行下去。

三、教学方法

1. 问题导入法

数字集成电路设计规模日益增大，将设计中最常用的重复功能模块做成 IP 成为大势所趋。IP 开发相当于数字集成电路行业的基建领域。

2. 讲授法和多媒体法

结合多媒体讲解虚拟器件/接口、IP 和基于平台的设计方法及其在大型数字系统设计中的作用。

3. 总结

本案例主要介绍国内外 IP 开发领域的发展现状，强调开发成功的 IP 要将设计的模块标准化并可复用。

四、适用范围

1. 案例适用的专业

本案例适用于自动化、电气工程、电子科学与技术、计算机科学与技术、电子信息工程、通信工程等专业。

2. 案例适用的课程

本案例适用于数字集成电路分析与设计、数字电子技术、电工电子技术、计算机文化基础等课程。

参考文献

［1］孔维华，胥啸宇，朱骏，等.测绘地理信息类专业课程思政案例库建设与实践［J］.测绘通报，2022（17）：152-157.

［2］周杰，王菊花，彭梦玲，等.动物生理学课程思政案例库建设初探［J］.畜牧与兽医，2020，52（11）：146-148.

［3］张寅初，王岗，孙雨霞，等.临床医学专业课程思政案例库的构建与实施［J］.中国高等医学教育，2021（3）：3-4.

［4］郝虹.高校历史学专业课程思政案例库建设研究［J］.大连大学学报，2022，43（2）：82-86.

［5］常桂英，邢力，叶飞，等.生物化学课程思政案例库的建设与实践：以吉林农业科技学院为例［J］.吉林农业科技学院学报，2021，30（2）：71-74.

［6］许前会，武宝萍，朱平华，等.化工原理课程思政案例库建设初探［J］.云南化工，2020，47（11）：196-198.

［7］段春辉，高之杰，张英杰，等.《羊生产学》课程思政案例库建设的探索与实践［J］.畜牧业，2021，32，（7）：86-87.

［8］帕尔哈提·柔孜，赵晓敏，马生军，等.药用植物学课程思政案例库的建立与实施模式研究［J］.教育教学论坛，2020（17）：54-55.

［9］李飞等.电工电子系列课程思政教学案例［M］.长沙：中南大学出版社，2021.

［10］李志勇，孙尧，孙妙平，等.电气工程及自动化专业课程思政教学案例［M］.长沙：中南大学出版社，2021.

［11］https：//www.163.com/dy/article/FCSV93JM052597OI.html，案例20.

［12］https：//zhuanlan.zhihu.com/p/36465921，案例21.

［13］https：//wenku.baidu.com/view/d4ddc50fa6e9856a561252d380eb6294dc88225a.html？_wkts_=1671174526702&bdQuery=%E9%87%8F%E5%AD%90%E5%8A%9B%E5%AD%

A6%E7%9A%84%E5%8D%81%E5%A4%A7%E5%BA%94%E7%94%A8，案例 29.

［14］曹天元. 上帝掷骰子吗？量子物理史话［M］. 北京：北京联合出版公司，2013.

［15］https：//mp. weixin. qq. com/s？__biz=MzUyMDQzNDM3MQ==&mid=2247524934&idx=1&sn=ee2dba7fd18dde19e760618f4c1f199e&chksm=f9e845eace9fccfc899d495613d151925 73167a106b0e630d9c2a73b577e6d4b4d7901b3bd07&scene=27，案例 35.

［16］https：//baijiahao. baidu. com/s？id=1685019885954339837&wfr=spider&for=pc，案例 39.

［17］https：//baike. baidu. com/item/%E5%8D%95%E6%99%B6%E7%94%9F%E9%95%BF%E6%B3%95/12579114，https：//www. t262. com/zuowen/jingli/1797575. html，案例 40.

［18］薄膜的结构与缺陷. pptx（book118. com）；薄膜的结构与缺陷 - 豆丁网（docin. com）；百度教育内容资源解决方案（baidu. com）（参考链接）；做好每一个细节，才是成就大事的基础（baidu. com）；改变自己：从小事做起，从细节开始（360doc. com）；（细节决定成败的名言，关于细节的名人名言（gf521. com）参考链接），案例 41.

［19］https：//eduai. baidu. com/view/3fd3ecf9350cba1aa8114431b90d6c85ec3a889e；https：//lishi. 7139. com/4871/09/49521. html，案例 42.

［20］https：//zhuanlan. zhihu. com/p/161004082. https：//baike. baidu. com/item/%E7%A6%BB%E5%AD%90%E6%BA%85%E5%B0%84%E9%95%80%E8%86%9C%E6%B3%95？share_fr=pc_qq. https：//www. doc88. com/p-9045639336571. html，案例 43.

［21］https：//zhuanlan. zhihu. com/p/112115799. 案例 44.

［22］https：//eduai-baidu-com-443. webvpn. jxust. edu. cn/list？type=doc&query=CVD%E6%8A%80%E6%9C%AF，案例 46.

［23］https：//new. qq. com/rain/a/20220505A09BI100，案例 47.

［24］https：//www. 163. com/dy/article/HFU9KPDV0552SV13. html，案例 48.

［25］https：//baijiahao. baidu. com/s？id=1720639454434231438&wfr=spider&for=pc，案例 50.

［26］http：//www. cepem. com. cn/news/detail/2116，案例 51.

［27］https：//www. elecfans. com/d/1885125. html，案例 52.

［28］https：//bg. qianzhan. com/trends/detail/506/220606-08eb55f7. html，案例 53.

［29］https：//zhuanlan. zhihu. com/p/480566288，案例 54.